Deutschbuch

Arbeitsheft 5

Neue Grundausgabe

Arbeitstechniken
Texte schreiben
Grammatik
Rechtschreibung
Lesetraining
Lernstand testen

Herausgegeben von
Cordula Grunow
und Bernd Schurf

Erarbeitet von
Christoph Berghaus, Günther Biermann,
Friedrich Dick, Ute Fenske,
Josi Ferrante-Heidl, Marlene Koppers,
Anna Löwen, Katja Reinhardt

Cornelsen

Inhaltsverzeichnis

ARBEITSTECHNIKEN

Arbeitstechniken ... 3
Hausaufgaben gut organisieren ... 3
Das Heft gestalten ... 6

SPRECHEN UND SCHREIBEN

Erzählen ... 9
Die Einleitung ... 10
Der Hauptteil ... 10
Der Schluss ... 13
Checkliste für eine gute Erzählung ... 13
Zu einer Bildergeschichte erzählen ... 14
Tiere beschreiben ... 15

NACHDENKEN ÜBER SPRACHE • NACHDENKEN ÜBER SPRACHE • NACHDENKEN ÜBER SPRACHE • NACHDENKEN

Grammatik

Wortarten ... 17
Nomen ... 17
Adjektive ... 21
Pronomen ... 24
Verben ... 26
Teste dich!
Wortarten ... 29
Verben: Tempus ... 30
Teste dich!
Tempusformen des Verbs ... 34
Satzarten ... 35
Satzglieder ... 36
Die Umstellprobe ... 37
Die Ersatzprobe ... 38
Die Weglassprobe ... 39
Das Prädikat ... 40
Das Subjekt ... 42
Die Objekte ... 43
Teste dich!
Satzarten, Satzglieder ... 45

Rechtschreibung

Lesbar schreiben ... 46
Das Wörterbuch – dein starker Helfer ... 48
Die Silbentrennung ... 52
Die wichtigsten Rechtschreibproben ... 53
Die Ableitungsprobe ... 53
Die Verlängerungsprobe ... 54
Rechtschreiben üben ... 55
Das Partnerdiktat ... 55
Das Laufdiktat ... 56
Das Eigendiktat ... 57

NACHDENKEN ÜBER SPRACHE • NACHDENKEN ÜBER SPRACHE • NACHDENKEN

Kurze Vokale ... 58
Teste dich!
Schreibung nach betontem kurzem Vokal ... 60
Lange Vokale ... 61
a, e, o, u ... 61
Das lange i ... 63
Doppelvokale ... 66
Teste dich!
Schreibung nach langem Vokal ... 68
s-Laute ... 69
Teste dich!
s-Laute ... 73
Groß- und Kleinschreibung ... 74
Die Artikelprobe (1) ... 75
Die Artikelprobe (2) ... 77
Teste dich!
Groß- oder Kleinschreibung ... 78
Das Komma bei Aufzählungen ... 79
Die Zeichensetzung bei der wörtlichen Rede ... 81
Teste dich!
Zeichensetzung bei Aufzählung und wörtlicher Rede ... 83

LESEN – UMGANG MIT TEXTEN

Lesetraining ... 84
Richtig vorlesen ... 84
Einen Sachtext lesen und verstehen ... 86

TESTE DICH!

Ich teste meinen Lernstand ... 90
Den Text verstehen ... 91
Grammatik ... 92
Rechtschreibung ... 94
Eine Geschichte schreiben ... 94

Aufgaben

1 Aufgabe

5 Zusatzaufgabe

Piktogramme

Partnerarbeit

Arbeiten mit dem Computer

Arbeitstechniken

Fächerübergreifende Aufgabe

Mit dem beigefügten Lösungsheft kannst du deine Antworten zu den Aufgaben und den Tests selbst überprüfen.

Hausaufgaben gut organisieren

TIPP – DEN ARBEITSBEREICH EINRICHTEN

Um deine Hausaufgaben gut zu erledigen, brauchst du bestmögliche Arbeitsbedingungen: einen klar abgetrennten Arbeitsbereich, einen gut beleuchteten Schreibtisch, Arbeitsmittel und Nachschlagewerke in direkter Umgebung.

1 *Kreuze in der rechten Spalte die Sätze oder Satzteile an, die in die Lücken gehören.*

So wie ein Läufer seinen Startblock präzise einstellt und alles Hinderliche entfernt, kannst auch du deinen Arbeitsbereich sinnvoll einrichten und eine angenehme Lernumgebung gestalten. Der Schreibtisch steht am besten [w], damit genügend Licht darauf fällt und deine Augen sich nicht quälen müssen. Ein Regal [x] ist auch praktisch, da du dort deine [y] griffbereit ablegen kannst. Vielleicht lässt sich die Arbeitsecke auch vom Freizeitbereich abtrennen, damit du nicht auf Dinge schaust, die dich ablenken könnten. [z] Spielzeug, Computerspiele, Musik, Kälte oder Wärme usw.

w:
- ☐ in einer dunklen Ecke
- ☐ am Fenster
- ☐ neben dem Kleiderschrank

x:
- ☐ neben dem Bett
- ☐ neben dem Schreibtisch
- ☐ neben dem Fernseher

y:
- ☐ Nachschlagewerke, Schulbücher und Arbeitshefte nach Fächern geordnet
- ☐ Comics, Lieblings-CDs und Kartenspiele nach Themen geordnet
- ☐ Pullover, T-Shirts oder Strümpfe nach Farben geordnet

z:
- ☐ Folgende Dinge solltest du griffbereit in deiner Nähe haben:
- ☐ Folgende Faktoren stellen eine Bereicherung deiner Lernumwelt dar:
- ☐ Folgende Störfaktoren solltest du vermeiden:

2 *Richte den Arbeitsbereich auf der Zeichnung ein.*
Ordne die Möbelstücke so an, dass ideale Lernbedingungen entstehen.

3 *Vergleiche die Zeichnung mit deinem Arbeitsplatz zu Hause: Überlege, ob dieser sich verbessern lässt.*

TIPP – DIE ZEIT PLANEN
Erledige deine Hausaufgaben möglichst zu festen Zeiten. Dein Körper kann sich dann gut darauf einstellen und Hochleistungen erbringen.

Viele Stunden eines Tagesablaufs sind festgelegt, z. B. Frühstück, Schulvormittag, Mittagessen und die Schlafenszeit. Die Hausaufgaben stehen zwar auch fest, aber wie du sie bewältigst, wann, wie schnell und wie erfolgreich, das hängt von deiner eigenen Zeitplanung ab. So wie eine Sportlerin oder ein Sportler seinen Trainingsplan aufstellt, kannst auch du deine Hausaufgabenzeit selbst planen.
Übrigens: Wenn Hausaufgaben sehr ermüdend sind und trotz aller Anstrengung nichts hängenbleibt, dann hast du vielleicht einen Fehler in der Planung gemacht.

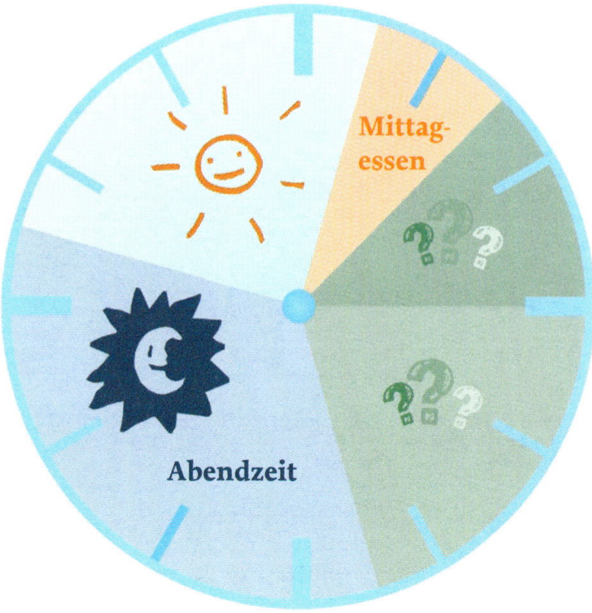

Nach dem Mittagessen braucht der Körper alle Energie für die Verdauung. Diese Energie fehlt dir dann für die Kopfarbeit. Es ist deshalb sinnvoll, nach dem Mittagessen eine kleine Erholungspause einzulegen (z. B. Musik hören, spazieren gehen oder ein Schläfchen machen). Danach haben Körper und Geist wieder genügend Energie für die Hausaufgaben.

4 *Ordne den folgenden Uhrzeiten den passenden Begriff zu. Begründe deine Zuordnung.*

Erholungspause | ideale Hausaufgabenzeit

13.30 – 15.00 Uhr: ______________________

15.00 – 17.30 Uhr: ______________________

5 *Überlege, wie du den Nachmittag optimal gestalten kannst. Lege die für dich günstigste Hausaufgabenzeit fest. Wann machst du Pausen, wann ist Freizeit? Trage alles mit genauen Zeitangaben in die Skizze ein.*

____

____

____

____

____

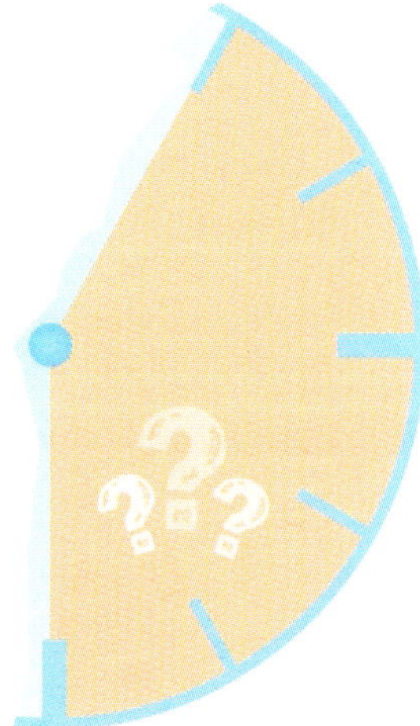

6 *Vervollständige die Tipps zur Zeitplanung deiner Hausaufgaben:*

- ☐ Lege nach dem Mittagessen eine ______________________ ein.
- ☐ Lerne nicht in den ______________________, denn dein Körper stellt sich schon auf das ______________________ ein.
- ☐ Mache deine Hausaufgaben zu möglichst ______________________.

TIPP – DIE ARBEITSPHASEN UND PAUSEN FESTLEGEN

Eine gute Arbeitsplanung berücksichtigt, dass du Arbeitsphasen in kleinere Portionen einteilst und bei den Hausaufgaben leichtere und schwierigere miteinander abwechselst. Lege Pausen zwischen den einzelnen Arbeitsphasen ein.

7 *Ordne den Empfehlungen die richtigen Begründungen zu.*

Empfehlungen:

1. Wechsle nach einer gewissen Zeit schwierige Aufgaben mit leichteren ab. ...... ☐
2. Lerne nicht verschiedene Sprachen hintereinander. .... ☐
3. Wechsle zwischen schriftlichen und mündlichen Aufgabenformen. .... ☐
4. Lege je nach Schwierigkeitsgrad deiner Hausaufgaben spätestens nach einer halben Stunde eine Pause von ca. fünf Minuten ein, nach einer Stunde dann eine zwanzigminütige Pause. .... ☐
5. Öffne zwischendurch das Fenster und lasse frische Luft herein. .... ☐
6. Setze dich in den Pausen nicht vor den Fernseher oder Computerspiele. .... ☐

Begründungen:

a) Wenn du die schriftlichen Aufgaben im Block erledigst, bist du schnell erschöpft und vernachlässigst dann die mündlichen Aufgaben.

b) Sportliche Hochleistungen lassen sich nicht lange aufrechterhalten. Das gilt auch für schwierige Hausaufgaben.

c) Wenn man verschiedene Sprachen hintereinander lernt, verwechselt man sie leicht und nichts bleibt richtig hängen.

d) Tätigkeiten in den Pausen, die hohe Aufmerksamkeit erfordern, ermüden leicht und verlängern die Hausaufgaben.

e) Auch für das Gehirn ist frische Luft eine Erholung.

f) So wie Sportler nicht unablässig „auf Hochtouren laufen", damit ihnen nicht die Puste ausgeht, so können auch Hausaufgaben nicht durchgehend ohne Pause erledigt werden.

8 *Bringe die Hausaufgaben im Kasten rechts in eine sinnvolle Reihenfolge und berücksichtige die bisherigen Empfehlungen.*

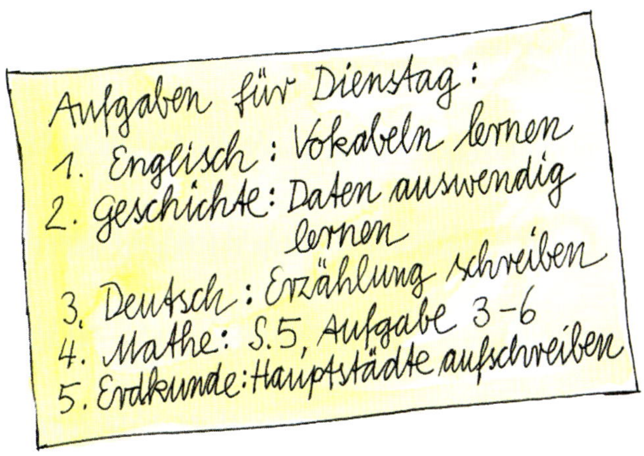

Deine Reihenfolge:

1. ______________________________

2. ______________________________

3. ______________________________

4. ______________________________

5. ______________________________

Das Heft gestalten

TIPP

Wenn du den Lernstoff in deinem Heft übersichtlich und anschaulich aufschreibst, prägt er sich besser in das Gedächtnis ein. Kannst du das Wichtigste auf einen Blick erfassen, hast du es beim Lernen leichter.

Europäische Zeitalter. Vor dem 15. ~~Jh.~~ gab es ~~V~~verschiedene Zeitrechnungen. In ägyptischen Quellen z. B. findet man die Angabe „im 23. Jahr des ~~Pharos~~ Pharaos Thutmosis III.“. Die Römer zählten die Jahre „nach Gründung der Stadt Rom“ (nach heutiger Zeitrechnung 753 vor ~~Christus~~ Christi Geburt). Die islamische Zeitrechnung beginnt mit der Auswanderung Mohammeds nach Medina (622 n. Chr.) und gilt auch heute noch. Die Historiker der Neuzeit in Europa haben die gesamwte Geschichte in 3 Zeitalter eingeteilt, um ein bisschen Ordnung zu schaffen. Das Zeitalter von den ältesten Aufzeichnungen bis zum Ende des ~~röm~~ Römischen Reiches nennt man seitdem Antike. Von da an bis zur Entdeckung Amerikas durch Kolumbus spricht man vom Mittelalter. Die Zeit danach wird Neuzeit genannt.

Europäische Zeitalter — 15.10.2006

Vor dem 15. Jahrhundert gab es verschiedene Zeitrechnungen.
In ägyptischen Quellen z. B. findet man die Angabe „im 23. Jahr des Pharaos Thutmosis III.“.
Die Römer zählten die Jahre „nach Gründung der Stadt Rom“ (nach heutiger Zeitrechnung 753 vor Christi Geburt).
Die islamische Zeitrechnung beginnt mit der Auswanderung Mohammeds nach Medina (622 n. Chr.) und gilt auch heute noch.
Die Historiker der Neuzeit in Europa haben die gesamte Geschichte in drei ZEITALTER eingeteilt, um ein bisschen Ordnung zu schaffen.

- Das Zeitalter von den ältesten Aufzeichnungen bis zum Ende des Römischen Reiches nennt man seitdem Antike.
- Von da an bis zur Entdeckung Amerikas durch Kolumbus spricht man vom Mittelalter.
- Die Zeit danach wird Neuzeit genannt.

1 *Vergleiche die beiden Hefteinträge. Wodurch wirkt die rechte Heftseite übersichtlich und ordentlich?*

____

____

2 *Vervollständige die Tipps für eine übersichtliche Heftgestaltung.*

- ☐ Lasse rechts oder links einen breiten ____________ frei.
- ☐ Schreibe das ____________ oben rechts an den Rand.
- ☐ Versieh deinen Eintrag mit einer ____________.
- ☐ Mache ____________, wenn ein Gedanke sich zu einem Abschnitt zusammenfassen lässt.
- ☐ Hebe wesentliche Angaben durch ____________ oder ____________ Unterstreichungen hervor.
- ☐ Schreibe wichtige Wörter oder Aussagen mit ____________ Stiften oder ____________.

TIPP – DER HEFT-TÜV

Wenn du mit deinem Heft regelmäßig (etwa alle zwei Wochen) einen „Heft–TÜV“ durchführst, hast du es beim Lernen leichter. Du kannst gut und schnell nachvollziehen, was du wann gelernt hast. Klassenarbeiten sind mit einem gut geführten Heft schnell vorbereitet! Bitte hin und wieder auch andere, dein Heft zu prüfen, z. B. den Deutschlehrer, deine Eltern, eine Mitschülerin …

3 *a) Kopiere den folgenden Prüfbogen mehrfach.*
b) Nimm dein Deutschheft und lege den Prüfbogen daneben. Gehe Punkt für Punkt durch und kreuze wahrheitsgemäß an, in welchem Maße deine Heftführung der Anforderung entspricht.

TÜV-Prüfbogen für Hefte

für: ____________________

Fach: ____________________

überprüfter Zeitraum: ____________________

So soll mein Heft aussehen	Datum			Datum		
☺ = ausgezeichnet 😐 = in Ordnung ☹ = sorgfältiger arbeiten	☺	😐	☹	☺	😐	☹
Die Schrift ist ordentlich und lesbar.						
Es wurde nie über den Rand geschrieben.						
Die Überschriften wurden mit dem Lineal unterstrichen.						
Alle Eintragungen haben ein Datum.						
Die Seiten sind übersichtlich gestaltet.						
Fehler sind mit dem Lineal durchgestrichen und berichtigt.						
Es wurde immer mit dem Füller geschrieben.						
Tafelanschriften wurden ohne Fehler abgeschrieben.						
Kopierte Blätter wurden sauber eingeklebt oder eingeheftet.						
gesammelte Smileys						

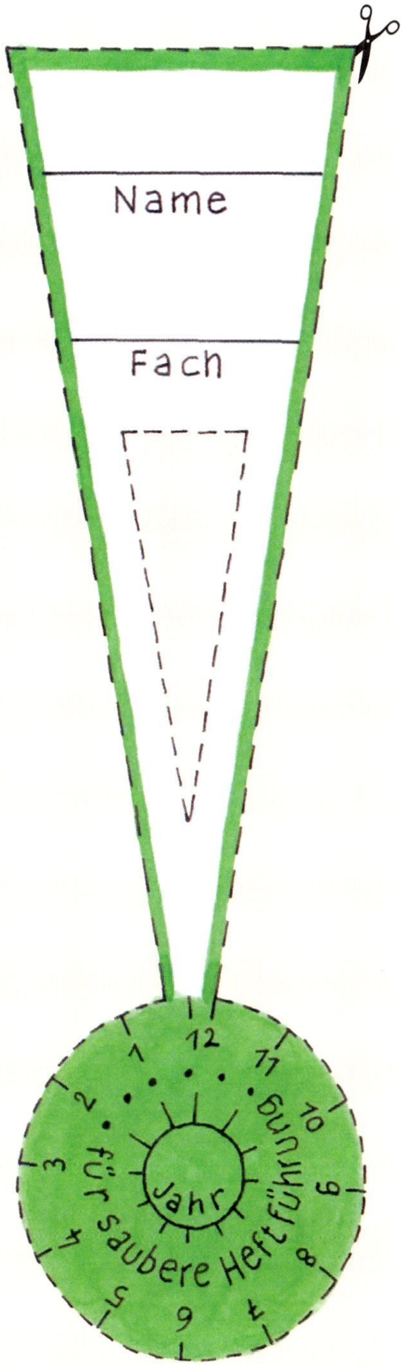

4 *a) Legt in der Klasse fest, wann der HEFT-TÜV als bestanden gilt:*
Mit mindestens ________ ☺ und ________ 😐 gilt ein Heft als gut geführt.
b) Mit dem Prüfbogen hast du die Prüfplakette kopiert. Wenn du dein Heft gut geführt hast, dann kannst du sie ausschneiden, beschriften und vorn auf dein Heft kleben.

ARBEITSTECHNIK – ÜBERLEGT UND LESBAR ABSCHREIBEN

So gelingt dir das Abschreiben eines Textes gut:

1. Schritt: **Lies** den Text zweimal laut, und zwar langsam und sorgfältig.
2. Schritt: Unterteile ihn in kleine Einheiten und **präge** dir die Wörter genau **ein**. Achte dabei auf jede Silbe.
3. Schritt: Jetzt **schreibe** die Wörter auswendig auf. Schreibe langsam und ordentlich. Schreibe die Buchstaben nicht zu eng aneinander.
4. Schritt: **Überprüfe** deine Schreibung, indem du Buchstabe für Buchstabe mit der Vorlage vergleichst.
5. Schritt: Hast du einen Fehler entdeckt, streiche das Wort durch und **schreibe es richtig** darüber.

5 *Schreibe den folgenden Text ab. Gehe in den fünf Schritten vor, die in der Arbeitstechnik oben beschrieben sind.*

Peter Härtling

Anna

Anna war / zu Beginn / des vierten Schuljahres / neu in die Klasse / gekommen. / Herr Seibmann, / der Klassenlehrer, / hatte sie / an einem Morgen / vor sich/ durch die Tür / geschoben / und gesagt: / „Das ist / eure neue Mitschülerin. / Sie heißt / Anna Mitschek. / Seid nett / zu ihr. / Sie ist erst / seit einem halben Jahr / in Deutschland. / Vorher lebte sie / mit ihren Eltern / in Polen.“

Alles war komisch / an Anna. / Sie hatte / keine Jeans an, / sondern ein / zu langes / altmodisches / Kleid. / Sie hatte / nur einen Zopf, / und auch der / war zu lang. / Sie war blass / und dünn / und schniefte.
Ben fand Anna / scheußlich.

Tipp: Präge dir die Wörter von Schrägstrich zu Schrägstrich genau ein.
Achte auch auf die Satzzeichen.

6 *Tausche den Text mit deiner Nachbarin oder deinem Nachbarn aus.*
Kontrolliert eure Texte gegenseitig. Achtet dabei auch auf die Schrift.

7 *Wähle einen kurzen Text aus dem Deutschbuch aus und schreibe ihn so ab, wie du es hier geübt hast.*

Erzählen

> **!**
> Eine gute **Überschrift** weckt Interesse für eine Erzählung.
> Eine Erzählung beginnt mit einer **Einleitung**, die die Leserinnen und Leser neugierig machen soll.
> Im **Hauptteil** steigert sich die Spannung. Wie bei einer Fieberkurve gibt es eine Steigerung bis zum **Höhepunkt** der Geschichte. Am **Schluss** fällt die Spannung wieder ab.
> Zeitform: Erzählungen werden meistens im **Präteritum** geschrieben.

Tina und Luis in heller Aufregung

1 *Welche Geschichte erzählen die folgenden Bilder? Bringe sie in eine sinnvolle Reihenfolge, indem du sie nummerierst.*

2 *Schau dir die Spannungskurve an. Welches Bild gehört zur Einleitung, welche Bilder bilden den Hauptteil und welches Bild muss an den Schluss? Trage die Nummern der Bilder in die Kästchen der Spannungskurve ein.*

Die Spannungskurve

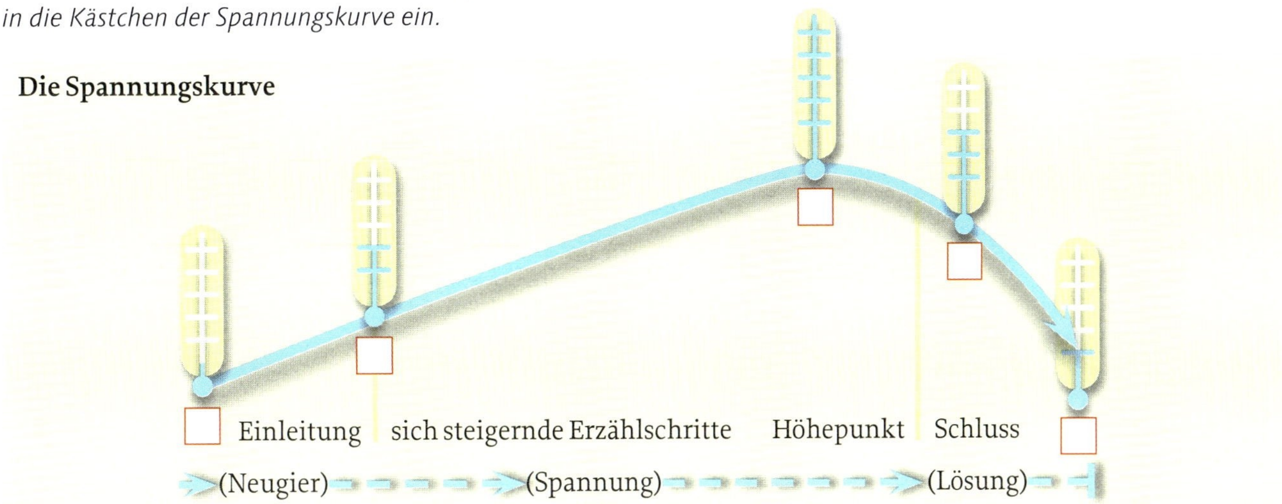

Die Einleitung

!

Die **Einleitung** soll zum Geschehen hinführen. Du machst deine Leserinnen und Leser neugierig, indem du
- die Situation so erzählst, dass sie spannend oder sogar gefährlich erscheint,
- nicht gleich verrätst, wie die Geschichte ausgehen wird.

3 *Schreibe die Einleitung deiner Geschichte über Tina und Luis so, dass die Leserinnen und Leser neugierig werden, wie es weitergeht.*

Tina und Luis hatten sich am Vormittag in der Schule eigentlich nur zum Fußballspielen verabredet. Sie wollten

Der Hauptteil

TIPP 1 – WÖRTLICHE REDE VERWENDEN

Eine Erzählung soll **spannend** und **anschaulich** sein. Lasse die Figuren in deiner Geschichte sprechen, denn die **wörtliche** (direkte) **Rede** macht eine Erzählung spannender, z. B.: *Tina rief vor Schreck: „Oh je, der Ball fliegt weg! Was machen wir nun?"*
Denke an die richtigen ▷ Anführungszeichen und achte auf die ▷ Satzzeichen. ▷ S. 81

Tina und Luis haben sich entschlossen, den Ball trotz der Warnung vor dem bissigen Hund aus dem fremden Garten zu holen. Auch wenn beide ein mulmiges Gefühl dabei haben, klettert Tina mit Luis' Hilfe über die Mauer.

4 a) *Was haben die Kinder zueinander gesagt, während Tina über die Mauer geklettert ist? Sammle Ideen für ein Gespräch und trage diese in Stichworten in die Sprechblasen ein.*

b) *Entwickle aus deinen Stichworten ein Gespräch zwischen Tina und Luis. Schreibe es in dein Heft. Achte auf die Satzzeichen und die Anführungszeichen.*

TIPP 2 – ABWECHSLUNGSREICH ERZÄHLEN

Eine Erzählung wird spannender, wenn man **treffende Verben** benutzt, z. B.: *Tina **rannte** zur Mauer und **kletterte** hinauf.*
Bemühe dich um **abwechslungsreiche Satzanfänge**, z. B.: ***Zunächst** wussten beide nicht, wie sie wieder an den Ball gelangen sollten. **Schließlich** fasste Tina einen Entschluss.*

5 *Der folgende Textausschnitt ist langweilig zu lesen.*
a) Setze passende Satzanfänge ein.

In diesem Moment | *Plötzlich* | *Schließlich* | *Endlich*

b) Verbessere die Sätze, indem du die wenig ausdrucksstarken Verben durchstreichst und durch treffendere ersetzt. Vermeide Wiederholungen.

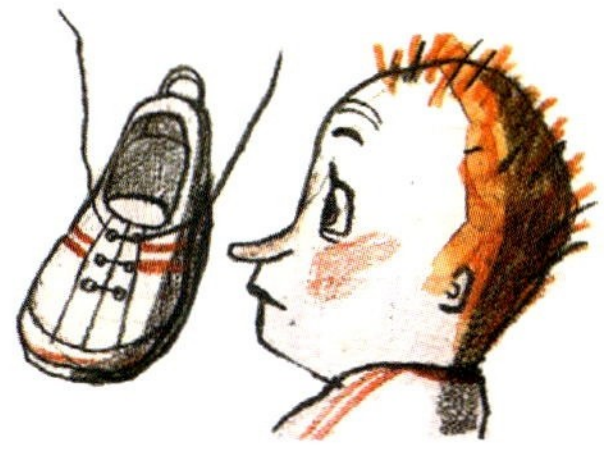

„Ich kann immer noch nichts sehen", ~~sagte~~ Tina und ging ein Stückchen höher. *flüsterte*

__________ wollte Luis ihr sagen, dass er auch nichts __________

hörte und der Hund sicherlich gar nicht zu Hause sei. __________ flog __________

ein Schuh an ihm vorbei. Hatte Tina ihn beim Klettern verloren oder hatte sie ihn __________

absichtlich ausgezogen? Sie sagte nichts, sondern machte einfach weiter. __________

__________ sagte Luis: „Soll ich dir den Schuh wieder hochgeben?" __________

__________ sagte Tina etwas. __________

TIPP 3 – GEFÜHLE UND GEDANKEN AUSDRÜCKEN

Neben dem äußeren Geschehen sollte immer auch erzählt werden, was die einzelnen Personen denken und fühlen. Diese so genannte „innere Handlung" bringt den Leserinnen und Lesern das Geschehen näher, z. B: *Tina kletterte **mutig** über die Mauer. Trotzdem war ihr **etwas flau im Magen**.*

6 *Während Tina über die Mauer klettert, muss Luis unten warten. Dabei hat er unterschiedliche Gefühle. Schreibe verschiedene Möglichkeiten auf, wie diese Gefühle anschaulich ausgedrückt werden können.*

Er kaute nervös an den Fingernägeln.

Er hatte Angst um Tina.

Ihm stockte der Atem.

Er erschrak.

Er war erleichtert.

TIPP 4 – ANSCHAULICH ERZÄHLEN

Eine Erzählung wird anschaulicher, wenn man sie mit **Adjektiven** (z. B. *klein, hoch*) oder **Partizipien** (z. B. *grinsend, gelungen*) ausschmückt, z. B.: **Grinsend** schaute Tina über die **hohe** Mauer, von wo aus sie den **bellenden** Hund sehen konnte.

7 *a) Betrachte noch einmal die Bilder auf Seite 9 und überlege, wie du den Höhepunkt der Erzählung gestalten kannst.*
b) Schmücke die folgenden Sätze anschaulich aus. Wähle aus der Klammer das Adjektiv oder Partizip, das dir dazu am besten geeignet erscheint.

Luis stand ______________________ (aufgeregt, ruhig, zitternd) vor der Mauer. Er fragte Tina ganz ______________________ (leise, laut, ängstlich): „Kannst du den Ball sehen?" In diesem Augenblick erklang im Garten ein ______________________ (wütendes, freundliches, entschlossenes) Bellen.

c) Setze die Erzählung fort. Schreibe einen spannenden Höhepunkt.

„Ich kann dich nicht mehr halten", sagte Luis zu Tina. „Spring jetzt über die Mauer!" Sein Herz klopfte bis zum Hals ______________________

____

____

____

____

____

____

____

____

____

____

____

____

____

____

Nun musste sie nur wieder auf die andere Seite klettern.

Der Schluss

! Am Schluss einer Erzählung löst sich die Spannung, die Spannungskurve sinkt. Man kann z. B.

- die Geschichte ausklingen lassen, z. B.: *Tina kicherte, als sie noch einmal an das Erlebnis dachte.*
- auf den Anfang zurückgreifen, z. B.: *Eigentlich wollten Tina und Luis nur Fußball spielen.*
- einen weiteren Denkanstoß geben, z. B.: *Tina und Luis hatten Glück! Was wäre geschehen, wenn hinter der Mauer ein bissiger Schäferhund gelauert hätte?*

8 *Erzähle nun das ganze Erlebnis von Tina und Luis spannend und anschaulich mit den Mitteln, die du auf Seite 9 bis Seite 12 geübt hast. Nimm dazu auch noch einmal die ▷ Spannungskurve zu Hilfe. Sie kann dir helfen, deine Erzählung zu gliedern. Erzähle die Geschichte so spannend wie möglich. Schreibe in dein Heft. Überlege dir einen passenden Schluss und finde eine Überschrift.*

▷ S. 9

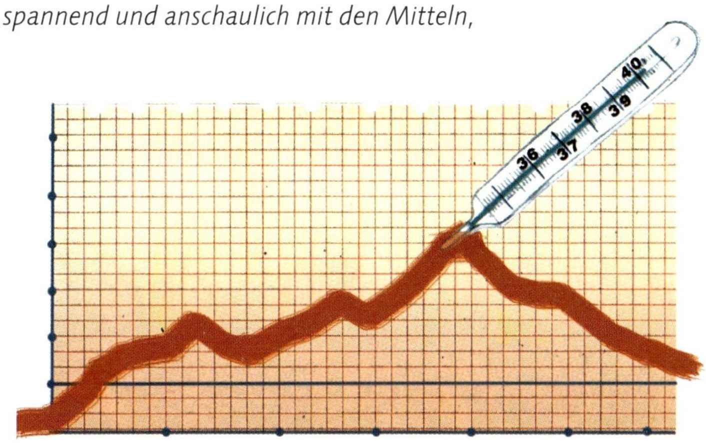

9 *Ergänze die Checkliste.*

CHECKLISTE FÜR EINE GUTE ERZÄHLUNG

1. Eine Erzählung hat drei Teile:
   - zuerst die ______________________,
   - dann den längeren ______________________
   - und zu guter Letzt den ______________________!
2. Jede Erzählung braucht eine interessante ______________________.
3. Eine Erzählung spielt meist in der Vergangenheit. Diese Zeitform nennt man ______________________.
4. Lebendigkeit ist in einer Erzählung besonders wichtig. Um die Figuren, die in der Geschichte vorkommen, sprechen zu lassen, sollte man unbedingt die ______________________ benutzen.
5. Gib den Figuren Namen, damit der Leser oder die Leserin das Geschehen besser verfolgen kann. Was geht wohl in ihnen vor? Die ______________________ der handelnden Figuren müssen ebenfalls beschrieben werden.
6. Benutzt man viele ______________________ oder ______________________ wie *lustig, wütend, niedergeschlagen, einsam,* wird die Erzählung lebendiger.
7. Achten sollte man auch auf die ______________________. Es ist wichtig, diese abzuwechseln und z. B. nicht immer nur *ging, ging, ging* zu schreiben.

Zu einer Bildergeschichte erzählen

1 *Fülle die Gedanken- und Sprechblasen so aus, dass die Geschichte von Snoopy, Sally und Linus sinnvoll und lustig wird.*

2 *Schreibe die Geschichte mit direkter Rede in dein Heft.*
Beachte die „Checkliste für eine gute Erzählung" auf Seite 13.
Gib deiner Erzählung eine passende Überschrift.

Tiere beschreiben

!

Beim **Beschreiben** musst du darauf achten, **für wen und wozu** du beschreibst. Wenn du z. B. einem Freund oder einer Freundin etwas über dein Haustier mitteilst, beschreibst du nicht nur das Aussehen, sondern auch sein Verhalten und was du besonders gern an ihm magst.
Ein Tiersteckbrief – um z. B. ein entlaufenes Tier wiederzufinden – sollte hingegen sachlich abgefasst sein. Von Interesse sind Rasse, Größe und Farbe des Tieres sowie besondere Erkennungsmerkmale.

Zwei Schwestern – eine Katze!

Kati und Elisa ist eine Katze zugelaufen. Die Schwestern sind sich einig: Wenn der Besitzer nicht ausfindig gemacht werden kann und wenn die Eltern einverstanden sind, möchten sie die Katze behalten. Elisa schlägt vor, einen **Steckbrief** zu entwerfen, den sie in der Umgebung aushängen wollen. Kati berichtet ihrer Brieffreundin in einer **E-Mail** von ihrem „Familienzuwachs".

1 *Hat hier ein Computervirus zugeschlagen? Die zwei Texte sind leider durcheinandergeraten.*
a) Lies die Sätze zunächst.
b) Sortiere die Sätze so, dass die Texte von Elisa und Kati wiederhergestellt werden.
Hinweis: Nimm dir zwei verschiedene Farben und markiere die Sätze, die zusammenpassen. Nummeriere die Sätze in einem zweiten Arbeitsschritt.

Auffallend ist ihr langes, dichtes Fell, das eine ganz weiße Färbung hat. Dabei ist ihr Fell total weich und sie genießt es richtig, wenn man es bürstet. Es war ein bisschen verfilzt und schmuddelig, als sie hier bei uns ankam. Ihr Schwanz ist dick und buschig. Hi Dörte! Du müsstest sie mal erleben. Sie hat große, leuchtende Augen, die verschiedenfarbig sind: Wenn ich auf dem Sofa sitze, springt sie sofort auf meinen Schoß und schmiegt sich ganz fest an mich und schnurrt vor sich hin. Ein Auge ist blau, das andere orange. Ihre kurze, stumpfe Nase weist den typischen „Stopp" auf, also eine Einbuchtung zwischen Stirn und Nasenspitze. Alle diese Merkmale weisen auf eine Perserkatze hin. Wolli ist richtig verschmust. Der Besitzer soll sich bitte bei Familie Patek melden unter der Telefonnr. (012) 34 56 78 Tschau Kati Am Sonntag, dem 3.5., ist uns in Lannesdorf eine Katze zugelaufen. Katze zugelaufen! ① Sie sieht aus wie ein laufendes Wollknäuel. Wir haben sie Wolli getauft. Der Körperbau ist eher kompakt und ihre Beine sind relativ kurz, aber kräftig. Stell dir vor, was passiert ist! Uns ist eine supersüße Katze zugelaufen. Beim nächsten Mal mehr ...

2 *a) Schreibe den Steckbrief. Er könnte so beginnen:*

Katze zugelaufen! ______________________

____

____

____

____

b) Schreibe die E-Mail an die Brieffreundin Dörte in dein Heft.

3 *Kati und Elisa schreiben einen Brief an ihre Großeltern. Die Großeltern sollen ihnen helfen, die Eltern davon zu überzeugen, dass die Kinder die Katze behalten dürfen. Schreibe diesen Brief in dein Heft.*

! **Beim Beschreiben eines Tieres** musst du Rasse, Größe, Alter und Farbe des Tieres angeben. Erwähne besondere Merkmale oder Fähigkeiten sowie Aussehen und Verhalten. Schreibe genau und anschaulich, achte auf:
- □ treffende Adjektive: *buschig, hochbeinig;*
- □ aussagekräftige Verben: *galoppieren, traben;*
- □ passende Nomen: *Pflanzenfresser, Hufeisen.*

Haflinger zu verkaufen!

In der Pferde-Zeitschrift des Haflinger-Zuchtverbandes ist eine Verkaufsanzeige für einen Haflinger abgedruckt. Leider ist die Anzeige beim Aufbau der Zeitschriftenseite durcheinandergeraten.

1 *a) Lies die Informationen über den Haflinger.*
b) Ordne sie den richtigen Merkmalen in der linken Spalte zu. Verbinde passende Merkmale und Informationen durch einen Strich.

Rasse:	145 cm
Farbe:	14 Jahre
Alter:	edler Kopf, kleine Ohren und weiße Blesse, kräftige Beine mit harten Hufen
Größe:	das Fell ist fuchsfarben, Mähne und Schweif sind cremefarben
Aussehen:	Haflinger
Verhalten:	2.000 Euro
Futter:	Hof-Horses: 0 70 81 / 51 45
Preis:	sehr gutmütig, kindergeeignet; tritt, steigt und beißt nicht; als Schulpferd sehr empfehlenswert
Kontakt:	am liebsten Frischfutter auf der Weide; gern auch Heu und Möhren

c) Schreibe mit den richtig geordneten Informationen einen Steckbrief.

2 *Schreibe zu einem Tier deiner Wahl einen Steckbrief.*

Wortarten: Nomen

!

Die meisten Wörter unserer Sprache sind **Nomen** (Hauptwörter). Sie bezeichnen
- Personen und Eigennamen: *Schwester, Frau Müller, Berliner Ballen;*
- andere Lebewesen: *Hund, Blume, Pferd;*
- Gegenstände: *Fahrrad, Tasche, Tür;*
- Gefühle oder etwas Vorgestelltes: *Freundschaft, Fantasie, Glück, Gesundheit.*

Nomen werden immer **großgeschrieben**.

Der wichtigste Begleiter des Nomens ist der **Artikel**. Artikel und Nomen stimmen in der Form (▷ Genus/Geschlecht, ▷ Kasus/Fall und ▷ Numerus/Anzahl) überein: *der Hund, die Hunde, den Hunden.*
Es gibt bestimmte Artikel *(der, die, das)* und unbestimmte Artikel *(ein, eine, ein).* ▷ S. 18; ▷ S. 19; ▷ S. 20
Wenn du einen Artikel vor ein Wort stellen kannst, dann handelt es sich um ein Nomen (**Artikelprobe**): *der Hund, eine Tasche, im (in dem) Traum.*

1 *a) Ergänze das Rätsel: Wie nennt man …*

1											*… einen Treffer beim Fußball?*
			10								*… einen kläffenden Vierbeiner?*
6											*… das Unterrichtsfach, in dem gemalt wird?*
		7									*… die schönste Zeit für Schüler/-innen?*
	4										*… den zweiten Monat im Jahr?*
					8						*… ein Transportmittel für weite Strecken?*
					11						*… ein Gerät, in dem Filme zu sehen sind?*
								9			*… ein Hauptfach in der Schule?*
			2								*… jemanden über 18 Jahre?*
				3							*… eine Person, die Briefe bringt?*
							5				*… die Zeit, in der es Ritter gab?*

b) Die nummerierten Buchstaben von 1–11 ergeben ein weiteres Nomen: ______________________

2 *Welche Nomen passen zu den folgenden Verben und Adjektiven?*

Verben		**Adjektive**	
springen	*der Sprung*	jugendlich	______________
laufen	______________	erwachsen	______________
sprechen	______________	hoch	______________
schlafen	______________	lang	______________
lehren	______________	fleißig	______________

!

Genus
Nomen haben ein grammatisches Geschlecht, das Genus.
Man erkennt es am Begleiter, dem bestimmten Artikel:
m = maskulinum (männlich): *der Rucksack*
f = femininum (weiblich): *die Tasche*
n = neutrum (sächlich): *das Fahrrad*

Numerus
Nomen gibt es im **Singular** (Einzahl) oder **Plural** (Mehrzahl)
der Frosch – *die Frösche*
die Katze – *die Katzen*
das Pferd – *die Pferde*

3 *Unterstreiche im folgenden Text alle Nomen.*

Ein sehnlicher Wunsch

Kurz vor ihrem Geburtstag fing Laura an, von einem Computer zu schwärmen, denn sie hätte so gern einen gehabt. Morgens lief sie eilig in die Küche, wo ihre Mutter das Frühstück richtete. „Weißt du, was heute für ein Tag ist?", fragte sie. „Sonntag", sagte ihre Mutter. „Aber das weißt du doch." Laura lachte noch immer, als ihr Vater ein großes Paket hereintrug. Als Laura auspackte, blickte ihr eine Marionette entgegen. Außerdem bekam sie neue Jeans. „Wir haben gedacht, dass dir das besser gefallen würde als ein Computer." Laura beschloss, ihnen die Freude nicht zu verderben. „So sind Erwachsene nun mal", dachte sie, „sie schenken einfach das, was sie selbst gern haben möchten."

4 *Schreibe alle Nomen aus dem Text einmal in die folgende Tabelle. Entscheide, ob es sich um Singular oder Plural handelt, und trage in die richtige Spalte ein. Füge den bestimmten Artikel hinzu. Ergänze die jeweils andere Form.*

Singular	Plural	Genus
der Geburtstag	*die Geburtstage*	*m*

!

Kasus
Im Satz nimmt das Nomen unterschiedliche Formen an, es steht in einem bestimmten Fall (Kasus). Das nennt man **deklinieren.** Dieser Kasus ist meist an der Endung und dem Begleiter des Nomens zu erkennen. Er kann mit bestimmten Fragen ermittelt werden:

Nominativ (1. Fall)	*Im Dschungel brüllt der Tiger.*	**Wer oder was** brüllt?	*... der Tiger ...*
Genitiv (2. Fall)	*Der Feind des Tigers ist der Mensch.*	**Wessen** Feind ist der Mensch?	*... des Tigers ...*
Dativ (3. Fall)	*Niemand schaut dem Tiger ins Auge.*	**Wem** schaut ...?	*... dem Tiger ...*
Akkusativ (4. Fall)	*Den Tiger sieht man gern von hinten.*	**Wen oder was** sieht man ...?	*... den Tiger ...*

5 *Ergänze die folgende Tabelle: Dekliniere die eingetragenen Nomen für jeden Kasus im Singular und im Plural.*

Kasus	**Numerus**		**Genus**
	Singular	**Plural**	
Nominativ	der, ein Käfig	die Käfige	maskulinum = männlich
Genitiv	des	der	
Dativ	dem	den	
Akkusativ	den	die	
Nominativ	die, eine Wüste	die	femininum = weiblich
Genitiv	der	der	
Dativ	der	den	
Akkusativ	die	die	
Nominativ	das, ein Tier	die	neutrum = sächlich
Genitiv	des	der	
Dativ	dem	den	
Akkusativ	das	die	

Jean Craighead George

Miyax, das Eskimomädchen

6 *Setze im folgenden Text die bestimmten Artikel ein.*

Miyax schob ________ Kapuze ________ Anoraks zurück, um nach ________ Sonne zu sehen. Die war jetzt eine gelbe Scheibe auf einem grünen Himmel, und Miyax schloss aus ________ Farben ________ Himmels und ________ Sonne, dass es gegen sechs Uhr abends sein musste; das war ________ Stunde, da ________ Wölfe erwachten. Geräuschlos stellte sie ihren Kochtopf nieder und kroch auf ________ Höhe ________ kleinen Hügels, eines ________ vielen Erdbuckel, die in der krachenden Kälte ________ arktischen Winters aufbrechen und wieder einsinken. Auf dem Bauch liegend blickte ________ Mädchen über ________ moosgefleckte Grasland und wandte dann ihre ganze Aufmerksamkeit auf einen Punkt: ________ Wölfe. Zwei Schlafzeiten war es her, dass Miyax zufällig auf sie gestoßen war.

7 *Welcher Kasus? Trage für die unterstrichenen Nomen die passenden Fragewörter ein und bestimme den Kasus.*

Sobald die Wölfe (Wer oder Was?, Nominativ) erwachten, begrüßten sie einander mit Schwanzwedeln. Miyax (________________________) zitterten die Hände und ihr Herz (________________________) begann, rascher zu schlagen. Sie hatte Angst (________________________). Nicht so sehr vor den Wölfen – die zeigten sich zurückhaltend und waren viele Harpunenschüsse weit entfernt –, aber die Lage (________________________), in die sie geraten war, machte ihr Angst. Miyax hatte sich verirrt. Seit Tagen wanderte sie ohne Nahrung (________________________) durch die Wildnis (________________________) Alaskas (________________________). Die Ebene (________________________) senkte sich, über dreihundert Meilen breit [...] Der Wind (________________________) heulte und pfiff darüber hinweg, und in welche Richtung man auch blickte, immer war es das Gleiche (________________________). Irgendwo in diesem grasraschelnden Universum war sie, Miyax, und das Überleben (________________________), das Weiterglimmen eines Funkens (________________________) Lebenswärme in ihrem Körper, hing von den Wölfen (________________________) ab.

Adjektive

Adjektive (Eigenschaftswörter) beschreiben Personen, Tiere und Gegenstände genauer und nennen ihre Eigenschaften: *der **heiße** Wüstensand, der **schnelle** Gepard, der **hungrige** Tiger.*

1 a) *Markiere in den folgenden Texten:*
Welche Eigenschaften haben das Fell, die Krallen, der Körperbau und die Neugeborenen der drei Katzenarten?
b) *Trage die markierten Adjektive in die folgende Tabelle ein.*

Die Hauskatze

Sie ist etwa 75 cm lang. Die schwerste Katze wog 11 kg. Im Allgemeinen haben Katzen einen kraftvollen Körper. Mit ihren scharfen Krallen können sie sehr gut auf Bäume klettern. Die meisten Hauskatzen haben ein kurzhaariges, grauschwarzes Fell, das gestreift oder gefleckt ist. Unsere Hauskatzen sind sehr sauber, aber wasserscheu.
Junge Katzen kommen blind und taub zur Welt.

Der Gepard

Ein Gepard erreicht auf kurzen Strecken bis zu 100 km in der Stunde. Das schafft keine andere Katze. Das Tier besitzt einen wendigen, geschmeidigen Körper und ein gelbrotes Fell, das schwarz gefleckt ist. Das Männchen ist 2,10 m lang, hat etwa 85 cm Schulterhöhe und wiegt 60 kg. Die Krallen, die zum schnellen Anlaufen gebraucht werden, sind stumpf.
Die Jungen werden blind geboren.

Der Tiger

Der Tiger ist mit dem Löwen verwandt. Er hat einen kräftigen Körperbau. Sein Fell ist braungelb mit senkrechten schwarzen Streifen. Tiger besitzen einen schlanken Körper. Ein Männchen kann mehr als 200 kg wiegen, seine Gesamtlänge beträgt 3 bis 3,5 m. Tiger haben etwa 75 cm Schulterhöhe. Ihre kräftigen Krallen sind gekrümmt.
Bei der Geburt sind die Tiere blind.

	Die Hauskatze	Der Gepard	Der Tiger
Fell	kurzhaarig,		
Krallen			
Körperbau			
Neugeborenes			

!

Die Deklination des Adjektivs
Wenn Adjektive als Beifügung vor einem Nomen stehen, werden sie zusammen mit diesem Nomen **dekliniert** (gebeugt):

Nominativ (Wer? oder Was?)	der weiße Schwan	die zahme Maus	das große Nilpferd
Genitiv (Wessen?)	des weißen Schwans	der zahmen Maus	des großen Nilpferds
Dativ (Wem?)	dem weißen Schwan	der zahmen Maus	dem großen Nilpferd
Akkusativ (Wen? oder Was?)	den weißen Schwan	die zahme Maus	das große Nilpferd

2 *Ergänze für die Beispiele aus dem Merkkasten in der folgenden Tabelle die Pluralformen.*

Nominativ	die weißen Schwäne	die ______	die ______
Genitiv	der ______	der zahmen Mäuse	______
Dativ	den ______	______	______
Akkusativ	die ______	______	______

3 *a) Unterstreiche im folgenden Text zu jedem Adjektiv das zugehörige Nomen.*
b) Ergänze bei jedem Adjektiv die passend zum Nomen deklinierte Endung.

Das Verhalten der Elefanten

Elefanten sind typisch____ Herdentiere. Die Herden können 20 bis 30 Tiere umfassen und werden meist von einem älter____ weiblich____ Tier angeführt. Dank ihrer lang____ Erfahrung und dem hervorragend____ Gedächtnis kennt diese Leitkuh genug ergiebig____ Futter- und Wasserplätze. Elefanten zeigen ein sehr sozial____ Verhalten. Die jung____ Elefanten werden von allen beschützt, sie wachsen im Rudel auf. Auch verletzt____, trächtig____ oder alt____ Tiere werden von den anderen geschützt. Elefanten sind gutmütig____ Tiere, denn sie kennen in der frei____ Natur keine natürlich____ Feinde. Sie besitzen ein sehr gut____ und lang____ Gedächtnis. Noch Jahre nach einem besonder____ Vorfall können sie sich genau an ehemalig____ Feinde oder reichhaltig____ Futterplätze erinnern.

4 *a) Markiere im folgenden Lexikonartikel alle Adjektive.*
b) Schreibe sie in dein Heft und bilde jeweils die Grundform dazu: typischer – typisch.

Das Verhalten der Elche
Der Elch ist ein typischer Einzelgänger. Er lebt manchmal in kleinen Familien, nie in großen Rudeln. Dies ist wahrscheinlich auf die extreme Futterarmut in den harten Wintern zurückzuführen. Für ein größeres Rudel gibt es einfach zu wenig Nahrung in der kargen Landschaft.
Die schlimmsten Feinde des Elchs sind andere Elche, die das spärliche Futter fressen. Nur alte und schwache Elche können von Wölfen gerissen werden. Gesunde Elche können sich mit kräftigen Tritten wehren. Ein strammer Elchtritt kann für einen Wolf tödliche Knochenbrüche nach sich ziehen. Elche sind sehr geschickte und leise Tiere. Bei der Jagd sind schon riesige Elche direkt vor den Jägern verschwunden. Da sie kaum natürliche Feinde haben und daher nur geringe Angst empfinden, verharren Elche meistens in ganz ruhiger Stellung, anstatt zu fliehen.

Die Steigerung von Adjektiven
Um Eigenschaften miteinander zu vergleichen, kann man die meisten **Adjektive steigern**:

Grundform (**Positiv**)	Vergleichsstufe (**Komparativ**)	Höchststufe (**Superlativ**)
*Das Pferd ist **groß**.*	Vergleich zwischen zwei unterschiedlichen Dingen, Tieren oder Personen: *Der Elefant ist **größer** als das Pferd.*	Vergleich zwischen mehreren unterschiedlichen Dingen, Tieren oder Personen: *Der Blauwal ist **am größten**.*
*Der Zwergfalke ist ein **kleiner** Raubvogel.*	Vergleich zwischen zwei gleichen Dingen, Tieren oder Personen: *Geier und Adler sind **größere** Raubvögel als Bussarde und Sperber.*	Vergleich zwischen mehreren gleichen Dingen, Tieren oder Personen: *Der Kondor ist der **größte** Raubvogel der Welt.*

Es gibt einige unregelmäßig gebildete Adjektive, z. B.:
gut → besser → am besten; viel → mehr → am meisten; hoch → höher → am höchsten.

5 *a) Unterstreiche in den folgenden Quiz-Karten die gesteigerten Adjektive.*

Wusstest du, dass ...

... der See-Otter von allen Tieren das dichteste Fell hat?

... Moschusochsen die längsten Fellhaare haben?

... das Faultier langsamer als alle anderen Säugetiere ist?

... Pinguine besser schwimmen als mancher Fisch?

... der Pottwal tiefer taucht als jedes andere Tier, das Luft holen muss?

... der Gepard am schnellsten ist?

b) Trage die gesteigerten Adjektive aus den Quiz-Karten in die Tabelle ein und ergänze die fehlenden Formen.

Positiv	Komparativ	Superlativ
		dichteste, am dichtesten

Es gibt Adjektive, die sich nicht steigern lassen, z. B. *leer* oder *tot*.

6 *Umkreise diejenigen Adjektive, die sich nicht steigern lassen.*

einzig *stark* *blind* *berühmt* *lebendig* *kurz* *viereckig* *winzig*

Pronomen

!

Pronomen (Fürwörter, Stellvertreter) vertreten oder begleiten Nomen. Sie werden wie die Nomen **dekliniert** (gebeugt). Die gebräuchlichsten Stellvertreter sind die **Personalpronomen** (persönliche Fürwörter):

	Singular	Plural
1. Person	*ich, mir, mich*	*wir, uns*
2. Person	*du, dir, dich*	*ihr, euch*
3. Person	*er, ihm, ihn* *sie, ihr* *es, ihm*	*sie, ihnen*

Hinweis: Beachte bei der Verwendung eines Pronomens, dass der Bezug auf das ersetzte Nomen eindeutig ist. Sonst kann es zu Missverständnissen kommen: *Alexander gibt seinem Hund Futter. Er ist sehr hungrig.* Wer ist hungrig? Alexander oder der Hund? Besser: *Alexander gibt seinem Hund Futter. Der Hund ist sehr hungrig.*

1 *Trage in die Lücken des folgenden Textes die fehlenden Personalpronomen ein.*

Ein Tag im Freibad (1)

Sara möchte mit ihrer Schulfreundin Leyla ins Freibad gehen. Ihre Mutter erwartet, dass __________ ihren kleinen Bruder Silas mitnimmt. „__________ wird euch bestimmt nicht stören!“, betont die Mutter. „Das glaubst __________ doch selbst nicht“, protestiert Sara. „__________ wird uns den ganzen Badespaß verderben“, stöhnt __________. Doch schließlich sieht __________ ein, dass ihr Bruder nicht allein zu Hause bleiben kann. „In Ordnung“, willigt __________ ein, „dann kommt __________ eben mit.“ Kaum sind __________ im Freibad angekommen, geht __________ schon los. Silas hat sein Badehandtuch vergessen. __________ bettelt seine Schwester an: „Bitte, gib mir doch dein Handtuch! __________ benötigt doch zusammen nur eins. __________ ist groß genug für euch beide. Immerhin seid __________ doch Freundinnen!“ „Nein, mein Handtuch bekommst __________ nicht!“, widerspricht Sara. „__________ brauchst dich ja nicht nass zu machen. Leg dich einfach auf die Wiese und warte, bis __________ mit dem Baden fertig sind. Und jetzt lass uns endlich in Ruhe und verschwinde.“ Silas entgegnet wütend: „__________ seid so gemein zu mir. Das werde __________ zu Hause der Mama erzählen. Dann bekommst __________ richtig Ärger!“

2 *In den folgenden Satzpaaren ist unklar, worauf sich die Pronomen im zweiten Satz beziehen.*

a) Zehra und Katrin besuchen im Zoo die Affen. Sie schreien laut.
b) Die Mädchen sind ganz begeistert über die Affen. Sie springen wild von Ast zu Ast.
c) Alexander bekommt einen Hund geschenkt. Er ist noch sehr klein.
d) Mit seinem Hund geht Alexander jeden Tag spazieren. Er wälzt sich dabei oft im Dreck.

Schreibe den jeweils zweiten Satz so um, dass keine Missverständnisse aufkommen.

a) ____________________

b) ____________________

c) ____________________

d) ____________________

3 *Setze im folgenden Text passende Pronomen ein.*

Ein Tag im Freibad (2)

Silas hat nach einer Stunde schon keine Lust mehr. „__________ ist langweilig. Können __________ endlich gehen?" Seine Schwester ist genervt: „Immer muss ich __________ um __________ kümmern. Such __________ ältere Freunde, die auf __________ aufpassen!" Plötzlich hören die Geschwister lautes Geschrei. __________ drehen sich um und sehen, dass Leyla mitsamt ihrer Badetasche ins Wasser gefallen ist. „Helft __________! Die ganzen Sachen gehen unter." Silas und Sara schauen sich an. __________ wird klar, dass Leyla Hilfe braucht. „Lass __________ das machen", ruft Silas, bevor er ins Wasser springt. Er rettet Leyla und alle Sachen an Land. Sara bedankt sich erleichtert bei Silas und bietet __________ ihr Handtuch an: „Danke. Lass __________ Frieden schließen." „Alles klar", erwidert Silas.

4 *Bilde sinnvolle Sätze. Streiche dazu die hier nicht passenden Personalpronomen durch.*

Ich lasse	~~dir~~ dich ~~ihm~~	mit auf dem Badetuch sitzen.

Ich rufe	ihm dir dich	heute nach der Schule an.

Zeige	mir mich dir	die neue Badetasche.

Wir treffen	uns euch ihnen	um drei Uhr am Schwimmbad.

Ich schenke	ihn ihnen mich	drei Freikarten für das Freibad.

Mir Mich dich	wird	in den nassen Sachen kalt.

Zieht	ihnen dich euch	an, wir wollen nach Hause.

Wie war	mein dich dein	Tag im Freibad?

!

Verben (Zeitwörter, Tätigkeitswörter) geben an, was **geschieht** (Es regnet.) oder was jemand **tut** (Er geht.).
Der **Infinitiv** (Grundform) eines Verbs hat die Endung **-(e)n**: z. B. *gehen, lachen, klettern.*

	Singular	Plural
1. Person	*ich üb-**e***	*wir üb-**en***
2. Person	*du üb-**st***	*ihr üb-**t***
3. Person	*er/sie/es üb-**t***	*sie üb-**en***

Verwendest du Verben in Sätzen, musst du aus dem Infinitiv die **Personalform** des Verbs bilden: *gehen → er geht, du gehst.* Dies nennt man **konjugieren** (beugen).

1 *Konjugiere das Verb „staunen".*

Singular: *ich staune, du* ______

Plural: ______

2 *Ergänze in dem Gedicht von James Krüss die richtige Personalform von „haben".*

James Krüss

Der törichte Star

Ich ______ zu Hause einen richtigen Star.
Du ______ keine Ahnung, wie töricht der war:
Er ______ voll Erstaunen auf Trinchen geschaut.
Sie ______ nämlich Häuser aus Klötzchen gebaut.
Es ______ ihn erstaunt und gewundert. Ganz klar:

Wir ______ ja viel mehr Verstand als ein Star.
Ihr ______ das wohl selber schon einmal erkannt:
Sie ______ als Stare halt Starenverstand!
Sie ______ (und damit erklär' ich es mir),
sie ______ halt kleinere Köpfe als wir!

TIPP

Es gibt Verben, bei denen in der 2. und 3. Person Singular der **Stammvokal wechselt,** z. B. *sprechen* (Infinitiv): *ich spreche* (1. Person Singular); aber: *du sprichst* (2. Person Singular), *er/sie/es spricht* (3. Person Singular).
Man nennt diese Verben ▷ **starke Verben,** im Gegensatz zu den **schwachen Verben,** die den Stammvokal erhalten.

▷ S. 32

3 *Setze die Verben in der richtigen Personalform in die Lücken ein.*

Trinchen ______ (vergessen) nie, ihren Star zu füttern. Sie ______ (geben) dem Vogel allerhand Leckeres zu fressen. Er ______ (nehmen) es Stückchen für Stückchen. Dann ______ (essen) auch Trinchen mit großen Bissen ein ganzes Brot. Der Star ______ (sehen) ihr dabei aufmerksam zu. Er merkt, da ______ (helfen) nur ein größerer Kopf!

!

Den Imperativ bilden
Die Aufforderungs- oder Befehlsform des Verbs ist der **Imperativ.**
Der **Imperativ Singular** wird durch den Stamm des Verbs gebildet. Manchmal wird auch die Endung **-e** angehängt:

Infinitiv	Stamm des Verbs	Imperativ Singular
reden schreiben	red- schreib-	red! rede! schreib! schreibe!

Bei den starken Verben ändert sich der **Stammvokal:**

Infinitiv	Imperativ Singular
sehen geben	sieh! gib!

Der **Imperativ Plural** wird in der Regel gebildet, indem man an den Stamm des Verbs die Endung **-t** anhängt:

Infinitiv	Stamm des Verbs	Imperativ Plural
schweigen erzählen	schweig- erzähl-	schweigt! erzählt!

4 *a) Unterstreiche alle Imperative im Gedicht.*
b) Schreibe die Pluralform der Imperative sowie den dazugehörigen Infinitiv daneben.

Hans Manz

Was im Buche steht

Was im Buche steht, lass es nicht stehen. lasst! lassen
Man kann die Worte so oder so drehen.
Also, leg sie auf die Goldwaage,
oder beweg sie mit einer Frage.

Nimm dir Zeit zu verweilen,
lies zwischen den Zeilen,
auch ein kurzes Gedicht hat viele Seiten.
„Es war einmal ..." meint – vielleicht – heutige Zeiten.

Buchstabieren allein genügt nicht.
Lies einen Satz wie in einem Gesicht,
wie und warum er dir etwas zeigt,
und wo er verstummt und was er verschweigt.

5 *Bilde Imperative zu den folgenden Verben im Singular und im Plural:*

drehen: Dreh! ____________ stehen: ____________

geben: ____________ zeigen: ____________

Den Imperativ richtig verwenden
Es gibt verschiedene Situationen, in denen jemand aufgefordert wird, etwas zu tun oder zu lassen. Entsprechend kann man mit dem Imperativ

- einen **Rat** erteilen: *„**Lest** in den Ferien ein schönes Buch!"*
- eine **höfliche Bitte** ausdrücken: *„**Hilf** mir bitte beim Austeilen der Kopien!"*
- einer **Aufforderung** Nachdruck verleihen: *„**Holt** endlich die Hefte raus!"*
- einen **Befehl** erteilen: *„**Putz** sofort die Tafel!"*

Übrigens: Einen Satz mit einem Imperativ beendet man mit einem **Ausrufezeichen.**

6 *Formuliere Aufforderungen oder Befehle. Verwende in den Sprechblasen Imperative.*

Der Lehrer befiehlt, sofort den MP3-Player wegzulegen:

Paul bittet Levin, ihm die Mathematikaufgabe zu erklären:

Sara rät ihrer Freundin, im Internet unter www.wdr5.de/lilipuz/lesepuz nach Kinderbuchtipps zu suchen:

Leila fordert Tobias auf, ihr das Lineal zurückzugeben:

Teste dich! – Wortarten

1 *Bestimme **Genus** (m = maskulinum, f= femininum, n= neutrum) und **Numerus** (Sg. = Singular oder Pl. = Plural) der unterstrichenen Nomen.*

die Tür des Hauses	______	der Regen	______	dem Kind alles Gute	______
die Wohnung	______	das Futter der Löwen	______	die Fenster	______
die Lehrer	______	der Preis der Bücher	______	das Wasser	______

2 *Bestimme die **Steigerungsformen** (Positiv, Komparativ oder Superlativ) der Adjektive.*

am schönsten	______	reich	______	still	______
besser	______	höher	______	am hellsten	______
mehr	______	der langsamste	______	am schmutzigsten	______

3 *Nicht alle Adjektive lassen sich steigern. Kreuze bei jedem Adjektiv an, ob es sich steigern lässt oder nicht.*

	ja	nein		ja	nein		ja	nein
tot	☐	☐	leer	☐	☐	gut	☐	☐
ungesund	☐	☐	einzig	☐	☐	jung	☐	☐

4 *Gib an, um welche **Wortarten** es sich handelt (N = Nomen, P = Pronomen, V = Verb, Adj. = Adjektiv, Art. = Artikel).*

Die Erfindung des Kugelschreibers

Als der Ungar László Biró 1943 den Kugelschreiber (______) zum Patent anmeldete, ahnte er (______) noch nichts von seinem großartigen (______) Erfolg (______). Heutzutage besitzt (______) fast jeder einen.

Die Idee (______) für das (______) neuartige (______) Schreibgerät (______) wurde schon im Jahre 1938 geboren. Biró bemerkte, dass die in Zeitungsdruckereien verwendete Tinte (______) mit größerer (______) Geschwindigkeit (______) trocknete und das Papier (______) sauber (______) und schmierfrei (______) war. Ihm (______) kam die (______) Idee (______), gleichartige Tinte für „kleckerfreie" Schreibgeräte zu nutzen (______). Die dickere (______) Tinte (______) lief jedoch nicht durch die üblichen (______) Federn (______). Er (______) ersetzte die (______) Feder durch eine Metallkugel (______), die sich in einer Fassung frei drehen (______) konnte.

Die Idee war denkbar einfach: Bewegt (______) man den Stift (______) über das Papier, so rotiert (______) der Ball. Dadurch nimmt (______) er (______) Tinte auf und überträgt (______) sie (______) auf das Papier.

5 *Werte deine Ergebnisse aus, indem du deine Antworten mit dem Lösungsheft abgleichst. Für jede richtige Antwort bekommst du einen Punkt.*

58–45 Punkte
☺ Gut gemacht!

44–30 Punkte
😐 Gar nicht schlecht. Schau dir die Merkkästen der Seiten 17 bis 28 noch einmal an.

29–0 Punkte
☹ Arbeite die Seiten 17 bis 28 noch einmal sorgfältig durch.

Verben bilden verschiedene Zeitformen (Tempus). Verben im **Präsens** (Gegenwart) sagen,

- was gerade geschieht: *Ich **übe** (gerade) für das Diktat.*
- was immer wieder geschieht: *Ein Kreis **ist** rund. Fische **leben** im Wasser. Übung **macht** den Meister.*
- was in der Zukunft geschieht (nur mit Zeitangabe!): *Nächste Woche **komme** ich.*

1 *a) Was machen die Menschen in diesen Berufen? Sammle passende Verben und schreibe sie im Präsens auf.*

sie gibt Noten, sie

er

sie

er

er

sie

b) Begründe, warum für diese Beschreibungen das Präsens das richtige Tempus ist.

2 *Markiere im folgenden Text alle Verben im Präsens. Achtung, manche Verben sind zweiteilig.*

Im Reich der Masken

Bei Jörg sieht es auf den ersten Blick aus wie bei einem Frisör. Überall hängen Perücken in allen möglichen Farben herum. Auf dem Tisch stehen Schminke, Cremes, Lockenwickler und Haarfestiger. Jörg ist Maskenbildner, und wen er schminkt und anmalt, der erkennt sich nach kurzer Zeit selbst nicht wieder.

Die meisten Maskenbildner haben zuerst eine Frisörlehre gemacht. Schließlich haben sie bei ihrer Arbeit viel mit Bärten und Perücken zu tun. Manchmal arbeitet ein Maskenbildner bis zu 40 Arbeitsstunden an einer einzigen Perücke. Die eigentliche Ausbildung dauert dann noch einmal drei Jahre. Dabei lernt man, wie man Schminke und Farben richtig einsetzt, um z. B. aus einem jungen Schauspieler einen alten Mann zu machen. Wer genug Talent hat, kann nach der Ausbildung beim Theater, Fernsehen, einer großen Filmproduktion oder für ein Musical arbeiten.

! Verben im **Präteritum** sagen, was bereits geschehen ist: *Gestern* ***lernte*** *ich für die Arbeit.*
Das Präteritum verwendest du beim schriftlichen Erzählen.

3 *a) Unterstreiche im folgenden Text die Verben im Präteritum.*

Ein Ferientag

Es war im Juli. Ich besuchte, wie immer in den Ferien, meine Großeltern an der Küste. Ich war gern dort. Nahezu jede freie Minute verbrachte ich mit Rasmus und Nils, den Nachbarskindern. Bei Ebbe gingen wir zum Meer und suchten am Strand nach Schätzen. Manchmal brachte uns Großvater mit dem Segelboot zu einer kleinen Insel. Wir kletterten über Felsen, sprangen in das erfrischende Meerwasser und beobachteten die zahllosen Fischschwärme, die neben uns schwammen. Eines Tages ...

b) Trage die unterstrichenen Verben in die Tabelle ein und ergänze den Infinitiv.

Verb	Infinitiv	Verb	Infinitiv
war	sein		

3 *c) Wie könnte die Geschichte weitergehen? Schreibe eine kurze Fortsetzung in dein Heft. Achte auf das Präteritum.*

4 *a) Im folgenden Text sind einige Verben unterstrichen.*
Bilde dazu die richtige ▷ Personalform im Präteritum und schreibe sie rechts neben den Text.

▷ S. 26

Ritter Runkel von Runkelstein

Ritter Runkel hat es satt. Seine Rüstung klemmt und drückt ihn schon wieder an allen möglichen Stellen. Vor allem über dem Rücken ist sein Panzerhemd zu knapp. Dabei kann es bestimmt nicht an dem bisschen Essen liegen, das er zu sich nimmt. Zum Frühstück isst er nur etwas Speck und ein Dutzend Eier. Mittags gibt es auch nicht viel, nur eine Schüssel mit Fleisch und elf dicke Scheiben Roggenbrot, dazu ein paar Humpen[1] Bier. Abends kommen zwar oft gefüllte Gänse oder auch Forellen auf den Tisch, aber Runkel hat ja tagsüber beinahe gefastet. Nur gelegentlich knabbert er etwas Konfekt und Nüsse. Trotzdem ist der Waffenrock schon wieder zu eng, sein Rappe[2] kann Mann und Sattel kaum noch schleppen. Was soll er nur machen? Des Ritters Gattin hat einen Tipp.

1 Humpen: großes Trinkgefäß; 2 Rappe: schwarzes Pferd

b) Was meinst du, welchen Rat gab die Rittersfrau ihrem Mann? Schreibe deine Idee auf.

Bei den meisten Verben wird das **Präteritum gebildet,** indem man an den Wortstamm die **Endung -te anhängt.** Diese Gruppe von Verben nennt man **schwache Verben,** bei der Konjugation verändert sich der Stammvokal nicht: *schauen → er schau-te; spielen → sie spiel-te.*
Starke Verben verändern im Präteritum den Stammvokal, viele auch die Endung: *bringen → brach-te; denken → dach-te;* aber: *kommen → kam, fallen → fiel; schneiden → schnitt; gehen → ging; reiten → ritt.*

5 *a) Bilde zu den folgenden Infinitiven die Präteritumformen in der dritten Person Singular.*
b) Kreuze an, ob es sich um ein schwaches oder ein starkes Verb handelt.

Infinitiv	3. Person Singular Präteritum	schwaches Verb	starkes Verb
lesen	*er las*	☐	☐
lassen		☐	☐
wachsen		☐	☐
turnen		☐	☐
fragen		☐	☐
fließen		☐	☐
stoßen		☐	☐
schenken		☐	☐
schlagen		☐	☐
zerreißen		☐	☐
bleiben		☐	☐
kämmen		☐	☐
gehen		☐	☐
tanzen		☐	☐
fallen		☐	☐
kaufen		☐	☐
bauen		☐	☐
sitzen		☐	☐

ARBEITSTECHNIK – IM WÖRTERBUCH NACHSCHLAGEN

Meist wirst du „von allein“ wissen, wie die Präteritumform eines Verbs gebildet wird. Wenn du nicht sicher bist, dann schlage in einem Wörterbuch nach. Ganz wichtig: Du musst den **Infinitiv des Verbs** bilden!

! Vor allem beim mündlichen Erzählen, also in Gesprächen, verwendet man bei der Darstellung von etwas Vergangenem das **Perfekt.** Wenn du von der Schule nach Hause kommst, erzählst du: *„Ich **habe** ein neues Gedicht **gelernt**."* Oder du berichtest einem Freund: *„Ich **bin** heute mit dem Fahrrad in die Schule **gekommen**."*

Beachte: Das Perfekt wird unterschiedlich gebildet:

- Perfekt mit *haben* + Partizip II: *„Ich **habe** gesehen."*
- Perfekt mit *sein* + Partizip II: *„Ich **bin** gefahren."*

Sportfest

6 *a) Ergänze in den Sprechblasen die fehlenden Aussagen. Verwende das Perfekt.*
b) Unterstreiche anschließend die Perfektformen farbig.

Sophie: Ich *bin die hundert Meter in 14 Sekunden gesprintet.*

Bettina: Nach meinem tollen Weitsprung *habe ich vor Freude geweint.*

Serkan: Ich *bin vor Kevin aus der 5.3 beim Vierhundertmeterlauf ins Ziel gekommen.*

Peter: Unsere Klasse ______________________________.
(die Parallelklasse beim Völkerball besiegen)

Isabel: Im Probelauf ______________________________.
(langsamer laufen)

Saskia: Herr Wunsch ______________________________.
(die Spielregeln noch einmal erklären)

Jonas: Stundenlang ______________________________.
(die Startnummer suchen)

Ronja: ______________________________.
(Teilnehmer mit Getränken versorgen)

Steffen: ______________________________.
(beim Fußballspiel den Knöchel verstauchen)

TIPP – STARKE VERBEN IM PERFEKT

Auch im Partizip II verändern starke Verben den Stammvokal:
gewinnen → ich habe gewonnen; denken → du hast gedacht; reiten → er ist geritten; bringen → wir haben gebracht; springen → ihr seid gesprungen.

7 *Schreibe die folgenden Verben im Perfekt auf.*
Achte auf den richtigen Stammvokal.

schreiben	*ich* ____________	schreien	*es* ____________
bleiben	*du* ____________	gehen	*wir* ____________
denken	*er* ____________	singen	*ihr* ____________
rennen	*sie* ____________	nehmen	*sie* ____________

1 *In dem folgenden Tagebuchauszug sind einige Verbformen* ***fett gedruckt.*** *Bestimme das Tempus. Verwende Abkürzungen: Präs. = Präsens; Perf. = Perfekt; Prät. = Präteritum.*

Hallo, Tagebuch! 8. Mai

Heute **hat** (__________) mein Freund Arne Geburtstag. Übrigens, was **heißt** (__________) schon Freund: Das **kommt** (__________) ganz darauf an, was man unter einem Freund versteht. **Versteht** (__________) man jemanden darunter, der immer für einen da **ist** (__________), dann **trifft** (__________) das nicht auf Arne zu. Versteht man jemanden darunter, der **fordert** (__________), dass man immer für ihn da ist, dann trifft das auf Arne zu.

Arne **hat** seinen Geburtstag nett **gefeiert** (__________)! Erst **trimmte** (__________) er sein Fahrrad, indem er gewisse Teile **entfernte** (__________), damit es schneller **fährt** (__________). Diese Teile **waren** (__________) ausgerechnet die Kette und die Bremsen. Dann **startete** (__________) er oben auf der Hauptstraße, die schön bergab **führt** (__________), und **fuhr** (__________) mitten ins Schaufenster des Uhrmachers hinein. „Tick Tack, toll", **kommentierte** (__________) ich.

Der Uhrmacher **verpasste** (__________) Arne eine saftige Rechnung und eine dicke Backe. Arnes Fahrrad **hat** (__________) einen Totalschaden. Ich **habe** es **entsorgt** (__________).

2 *Im folgenden Text sind einige Verbformen falsch gebildet worden. Markiere alle falschen Verbformen und schreibe die richtige Form unter den Text.*

Seitdem er die Harry-Potter-Bücher entdeckt hat, ist Robert eine richtige Leseratte geworden. Vor zwei Tagen fielte ihm in der Schulbibliothek ein ziemlich unansehnliches graues Buch in die Hände. Er schlagte die erste Seite auf, lieste sie und konnte kaum noch aufhören. Sogar im Bus sitzte er und verschlingte seine neue Lektüre. Zu Hause angekommen, holte er in der Küche ein Glas Orangensaft und gehte in sein Zimmer. Er stellte das Glas auf seinen Schreibtisch und vertiefte sich in sein Buch. Da geschiehte es. Robert wollte, ohne hinzusehen, das Glas ergreifen, stoßte es um und der Saft fließte über seine Hefte.

____

____

____

____

3 *Werte deine Ergebnisse aus, indem du deine Antworten mit dem Lösungsheft abgleichst. Für jede richtige Antwort bekommst du einen Punkt.*

28–22 Punkte
☺ *Gut gemacht!*

21–15 Punkte
😐 *Gar nicht schlecht. Schau dir die Merkkästen der Seiten 30 bis 33 noch einmal an.*

14–0 Punkte
☹ *Arbeite die Seiten 30 bis 33 noch einmal sorgfältig durch.*

Satzarten

!

Es gibt drei **Satzarten.** Du erkennst sie an den **Satzschlusszeichen:**
Nach einem **Aussagesatz** steht ein **Punkt:** *Dieses Jahr bleiben wir zu Hause.*
Nach einem **Fragesatz** steht ein **Fragezeichen:** *Fahrt ihr wieder an die Nordsee?*
Nach einem **Ausrufe-, Befehls-** oder **Aufforderungssatz,** der mit besonderem Nachdruck geäußert wird, steht ein **Ausrufezeichen:** *Ist das ein toller Strand!*

1 *a) Familie Bäumer will in Urlaub fahren. Die Erholung beginnt mit dem Packen …*
Setze die richtigen Satzschlusszeichen.

Hast du an die Zahnpasta gedacht _ | Ich freue mich schon auf den Strand _

Morgen soll es sehr heiß werden _ | Steck die Ausweise in deine Handtasche _

Die Gummistiefel pack auch ein _ | Putzt du noch dein Skateboard _

Die Autoschlüssel habe ich dir gegeben _ | Nimmst du den Windschutz mit _

Den Wohnungsschlüssel bring zu Frau Siekmann _

b) Forme die Aussage- und Befehlssätze in Fragesätze um und die Fragesätze in Befehlssätze. Arbeite im Heft.
Hast du an die Zahnpasta gedacht? → Denk an die Zahnpasta!

2 *Endlich sind die Bäumers auf der Autobahn. Vervollständige ihr Gespräch.*
Formuliere in den Lücken Sätze, die zu den vorgegebenen Satzzeichen passen.

Frau Bäumer: Schaut mal dort hinten! Ein Reiterhof!

Sandra: ____________________? Ich kann ihn nicht sehen.

Manuel: ____________________ die Augen auf! Ach, jetzt sind wir schon daran vorbei.

Sandra: ____________________?

Herr Bäumer: Noch zwei Stunden, dann sind wir wohl da. Helga, ____________________!

Siehst du denn nicht, dass der Wagen abbremst?

Frau Bäumer: Fährst du oder fahre ich? ____________________!

Sandra: Die Musik im Radio ist schrecklich! ____________________!

Herr Bäumer: ____________________? Gefällt euch das?

Manuel: ____________________? Ich muss mal zur Toilette.

Frau Bäumer: An der nächsten Raststätte machen wir eine Pause.

Klaus, ____________________, wie weit es noch ist!

Sandra: Ein Glück, das sind ja nur noch zehn Minuten!

Dann ____________________.

Satzglieder

Ein Satz besteht aus verschiedenen **Satzgliedern.**
Satzglieder können aus einem oder mehreren Wörtern bestehen.
Alle Wörter in einem Satz, die man gemeinsam umstellen kann (**Umstellprobe**), bilden ein Satzglied:

Sandra	*verbringt*	*dieses Jahr*	*die Ferien*	*an der Nordsee.*
An der Nordsee	*verbringt*	*Sandra*	*dieses Jahr*	*die Ferien.*
Die Ferien	*verbringt*	*Sandra*	*dieses Jahr*	*an der Nordsee.*

1 *Aysun hat von Sandra eine SMS erhalten.*
a) Schreibe die Nachricht mit richtiger Groß- und Kleinschreibung ab.
b) Trenne die Satzglieder durch Striche voneinander.

morgen fahren wir mit einem kutter zu den seehunden

____

c) Bilde mit den Satzgliedern zwei weitere sinnvolle Sätze und schreibe sie auf.

____

____

2 *Der Rest der SMS ist als Wortsalat angekommen.*

Seehundbabys | *leckere Krabben* | *der Kapitän* | *vielleicht* | *mit einem Netz* | *hoffentlich* | *liegen* | *einen Fisch* | *fangen wir* | *schenkt uns* | *auf der Sandbank*

a) Bilde aus den Satzgliedern drei sinnvolle Sätze.

1 ______________________________

2 ______________________________

3 ______________________________

b) Bilde aus jedem Satz mit Hilfe der Umstellprobe einen weiteren Satz und schreibe ihn auf.

zu 1: ______________________________

zu 2: ______________________________

zu 3: ______________________________

TIPP – FIT AM PC

Bei der Arbeit am PC ist die Umstellprobe schnell ausgeführt: Markiere das Satzglied, das du umstellen willst. Mit gedrückter linker Maustaste kannst du es an anderer Stelle einfügen.

ARBEITSTECHNIK – ABWECHSLUNGSREICH SCHREIBEN: UMSTELLPROBE

Die Umstellprobe hilft dir, abwechslungsreich zu schreiben:
- Du kannst **Wiederholungen vermeiden.**
- Du kannst **ein Satzglied, das du betonen möchtest, an den Satzanfang** setzen.

3 *Ein Text ist langweilig, wenn die Sätze immer gleich beginnen.*
a) Lies den folgenden Text und markiere die Satzglieder in unterschiedlichen Farben.
b) Wende die Umstellprobe an und schreibe einen neuen, abwechslungsreicheren Text.

Ferien auf der Insel Wangerooge

Auf der Insel Wangerooge verbringen jedes Jahr viele Gäste ihren Urlaub. Auf der Insel gibt es kaum ein Haus, das im Sommer keine Feriengäste aufnimmt. Auf die Insel kommen in den Wintermonaten nur wenige Urlauber.

TIPP

Wie findest du heraus, was in einem Satz so wichtig ist, dass es besser am Anfang stehen sollte? Prüfe, wer spricht oder schreibt: Was möchte er oder sie besonders hervorheben? Setze dies an den Anfang.

4 *a) Der folgende Text gibt Informationen über Wangerooge. Lies den Text.*
b) Jede der nachfolgend genannten Personen möchte etwas hervorheben, das sie besonders wichtig findet. Wähle zu jeder Person einen passenden Satz aus dem Text aus und stelle mit der Umstellprobe das für sie Wichtige nach vorn.

Auf der Insel Wangerooge gibt es als Freizeitangebote Reiten, Strandgymnastik, Kutschfahrten, Kutterfahrten und Wattwanderungen. Auf der Insel ist das Wetter im Sommer meist sonnig und das Klima sehr angenehm. Am Badestrand halten sich bei sonnigem Wetter die meisten Gäste auf. Den Badestrand können die Urlauber von ihren Hotels aus in höchstens zehn Minuten erreichen. Einen Strandkorb hat fast jede Familie gemietet. Ball spielen, Muscheln sammeln und Burgen bauen können die Kinder am Strand. Das Baden in der Brandung ist besonders gefährlich. Auf der Insel sind Autos nur für Ärzte und die Feuerwehr erlaubt, Privatfahrzeuge sind verboten.

Der Hotelbesitzer preist die Nähe zum Strand an: *In höchstens zehn Minuten können die Urlauber den Badestrand von ihren Hotels aus erreichen.*

Die Reiseveranstalterin hebt das schöne Wetter hervor: ______

Der Kurdirektor ist besonders stolz auf das Angebot für Familien: ______

Was könnte der Bademeister wichtig finden? Schreibe auf: ______

Der Redakteur des „Inselboten“ schreibt: ______

Satzglieder oder Wörter, die sich häufig wiederholen, kannst du **durch andere austauschen** (Ersatzprobe).

Manuel findet am Strand einen Seestern. Manuel zeigt den Seestern seinen Eltern.

Er

ihn

Deine Sätze werden dadurch **besser** und **verständlicher**.

5 *Im folgenden Text kommen viele Wiederholungen vor.*
Überlege, welche der markierten Wörter oder Satzglieder du ersetzen kannst.
Arbeite mit den angebotenen Wörtern oder wähle selbst passende andere Wörter.

sie | *ihn* | *dann* | *das Tier* | *die Tiere* | *Weibchen* | *ein Baby* | *deswegen*

Kennst du den Seehund?

Von den gefährdeten Tierarten der Nordsee ist der Seehund unser größtes Sorgenkind. Wer den Seehund beobachten möchte, sollte den Seehund nur aus großer Entfernung mit einem Fernglas betrachten. Der für die Tiere anstrengende Fellwechsel findet im Juli statt. Im Juli kommen auch die Jungen zur Welt. In den meisten Fällen wirft jedes Muttertier ein Junges. Die Zitzen der Muttertiere sind in einer Bauchfalte versteckt. Wegen dieser Bauchfalte können die Jungen nur an Land gesäugt werden. Die Augen der Seehunde sind jedoch an ein Leben unter Wasser angepasst. Sobald die Seehunde auftauchen, werden die Seehunde stark kurzsichtig und deshalb ängstlich. Bei der kleinsten Störung versuchen die Seehunde, im Wasser Schutz zu finden.

6 *a) Markiere im folgenden Text selbst die störenden Wiederholungen.*
b) Wende die Ersatzprobe an und schreibe bessere Formulierungen in die Randspalte.

Bei dieser Flucht verletzen sich die Jungtiere nicht selten an ihrem Bauchnabel. Oft entstehen an dem Bauchnabel der Jungtiere große Wunden, die nur sehr schlecht verheilen. An diesen Wunden sterben sogar viele Jungtiere. Manche Seehundmütter verlieren auf der Flucht ihr Junges. Das Junge versucht dann, mit klagenden Rufen die Mutter zu finden.

ARBEITSTECHNIK – ABWECHSLUNGSREICH SCHREIBEN: WEGLASSPROBE

Überflüssige Satzglieder oder Wörter sowie Wiederholungen lassen einen Text umständlich erscheinen. Probiere beim Überarbeiten eines Textes aus, was du weglassen kannst, ohne dass sich der Sinn des Satzes verändert oder eine Beschreibung ungenau wird:

Sandra geht mit ihrem Bruder Manuel zur Eisdiele. Dort ~~vor der Eisdiele~~ trifft ~~ihr Bruder~~ Manuel einen Freund.

Prüfe anschließend, ob der Text noch verständlich ist.

7 *Sandra schreibt aus dem Urlaub einen Brief an ihre Freundin Aysun.*

a) Markiere Formulierungen, die dir überflüssig erscheinen:
Überlege, welche Satzglieder oder Wörter keine Informationen beitragen.

Hallo Aysun,

wie geht es dir? Mir geht es hier eigentlich ganz gut. Ich mache nämlich hier gerade Urlaub auf Wangerooge. Ich bin schon eine Woche mit Mama, Papa und Manuel hier. Es ist die ganze Zeit so ziemlich ganz gutes Wetter. Hier ist es zwar meistens windig, hier auf der Insel, aber die Sonne scheint. Leider ist es öfter zu kalt, um in der Nordsee zu schwimmen, deswegen gehen wir, also ich und meine Familie, ins Hallenbad.

b) Streiche die überflüssigen Satzglieder und Wörter und schreibe den verbesserten Text auf.

___

___

___

___

8 *a) Markiere im folgenden Auszug aus Sandras Brief Wiederholungen.*

Wir gehen jeden Tag meist am Strand spazieren. Dort am Strand liegen immer viele tote Krebse. Das ist nicht so schön! Eine Wattwanderung haben wir auch schon gemacht. Im Watt gibt es lebende Muscheln, und Manuel hat bei der Wattwanderung ganz zufällig einen Seestern gefunden. Den Seestern, den hat Manuel in einem Karton unter seinem Bett aufbewahrt. Du glaubst nicht, wie der Seestern unter dem Bett nach zwei Tagen gestunken hat!
Danach haben Mama und Papa beschlossen, dass wir, Mama, Papa, Manuel und ich, eine Inselumwanderung machen. Wir waren auch oben auf einem großen Leuchtturm. Von oben auf dem Leuchtturm konnte man fast die ganze Insel sehen. Zum Glück hatten wir auf dem Leuchtturm gutes Wetter!

Bis dann, deine Sandra

b) Streiche überflüssige Wiederholungen. Schreibe den verbesserten Text in dein Heft.

9 *a) Schreibe selbst einen Brief über deine letzte Urlaubsreise. Überarbeite anschließend deinen Text und wende dabei die Umstellprobe, die Ersatzprobe und die Weglassprobe an.*

b) Lest eure Briefe in der Klasse vor. Sucht gemeinsam nach weiteren Verbesserungsmöglichkeiten.

Das Satzglied im Aussagesatz, das bei der Umstellprobe immer an der zweiten Stelle bleibt, ist das **Prädikat.**

Sandra	findet	Quallen	ekelig.
Quallen	findet	Sandra	ekelig.
Ekelig	findet	Sandra	Quallen.

Das Prädikat wird von einem Verb gebildet und kann erfragt werden: *Was **geschieht?** – Was **tut/tun** ...?*

1 *Unterstreiche im folgenden Text die Prädikate.*

Quallen

Vor Quallen schütteln sich die Badegäste meist angeekelt: warum eigentlich? Quallen bestehen doch fast ausschließlich aus Wasser. Sie sind so farbenprächtig. Quallenschwärme verwandeln die See in ein Blumenmeer! Ihre Schwimmbewegungen wirken würdevoll. Langsam wölben und strecken sie sich. Das gleicht dem Öffnen und Schließen eines Regenschirmes. Sie haben lange, schwere Fransen und Fangarme.

Quallen fangen ihre Beute mit Nesselkapseln. Bei Berührung platzen diese. Eine giftige Harpune trifft dann

das Beutetier. Die Begegnung mit einer „Gelben Haarqualle“ oder einer „Blauen Nesselqualle“ ist auch für Menschen schmerzhaft. Glücklicherweise sind diese Quallen seltener als ihre völlig harmlosen Artgenossen. Am häufigsten ist die „Ohrenqualle“. Ihre vier rosa Fortpflanzungsorgane erinnern an Ohren.

2 *a) Im folgenden Rätsel gibt es einige gleichförmige Satzanfänge. Schreibe den Text so um, dass die Satzanfänge abwechslungsreicher sind. Verwende die Umstellprobe.*
b) Unterstreiche in deinem Text die Prädikate.
c) Trage das Lösungswort ein.

Wer bin ich?

Ich bin ein hervorragender Schwimmer.
Ich ruhe mich aber gerne auf dem Trockenen aus.
Ich atme mit Lungen.
Ich tauche gut und lange im Wasser.
Mein Körper ist stromlinienförmig.
Ein dichtes, kurzes Fell und eine Fettschicht schützen mich vor Kälte.
Ich fange hauptsächlich Fische.
Meine Jungen kommen nach zehn Monaten zur Welt.
Verlorene Junge nennt der Mensch Heuler.

Ich bin ______________________.

!

Es gibt einteilige Prädikate: *Familie Bäumer **plant** eine Wattwanderung.*

Prädikate können aber auch aus **zwei Teilen** bestehen:

- ***vorankommen*** – *Im Watt **kommt** man schlecht **voran**.*
- *Familie Bäumer **hat** eine Wattwanderung **geplant**.*

Die zwei Teile des Prädikats bilden eine **Satzklammer.** Sie klammern andere Satzglieder ein.

3 *Manuel überfliegt in der „Inselzeitung" die Schlagzeilen.*

Sturm – Schiffsverkehr nach Helgoland eingestellt

Inselbad renoviert: Großes Fest

18-Jähriger beim Surfen verletzt

Mittwochnacht: Rowdys beschädigen Strandkörbe

Seehotel: Gäste wählen „Mister Strand"

Morgen Wetteraufhellung

„Café am Deich" sonntags geöffnet

Burgenbauwettbewerb – Sieger geehrt

Fahrt nach Baltrum: fast ausgebucht

a) Bilde aus den neun Schlagzeilen vollständige Sätze. Ergänze, wo nötig, Prädikate.
b) Unterstreiche in deinen Sätzen die Prädikate. Zeichne Satzklammern ein, wo du zweiteilige Prädikate gebildet hast.

Wegen des Sturmes [wurde der Schiffsverkehr nach Helgoland eingestellt].

Das Subjekt

!

Zu einem vollständigen Satz gehört außer dem Prädikat wenigstens ein **Subjekt.**
Das Satzglied, das man mit „***Wer/Was*** *tut etwas?*" erfragen kann, ist das Subjekt.
Der Leuchtturm warnte die Seefahrer. – **Wer** warnte die Seefahrer? – *Der Leuchtturm* = **Subjekt**

Zwischen Subjekt und Prädikat besteht eine enge Beziehung.
Die Form des Prädikats richtet sich nach dem Subjekt:

Ich erzählte. – Du erzähltest. *Der Matrose erzählte. – Die Matrosen erzählten.*

1 a) *Finde mit der ▷ Umstellprobe die Satzglieder heraus und unterteile sie mit Schrägstrichen /.*
b) *Streiche alle Satzglieder außer dem Subjekt und Prädikat.*
c) *Schreibe die verkürzten Sätze aus Subjekt und Prädikat auf.*

▷ S. 36–37

DER KLABAUTERMANN

Einst / fuhr / ein Steuermann auf einem englischen Schiff. Der Segler ankerte im Hafen von Stockholm. Abends ging der Steuermann auf das Verdeck. Er wollte frische Luft genießen. Da sah er am Ende des Schiffes ein kleines, rotes Männchen. Auch auf dem Schiff daneben entdeckte er ein Männchen. Der Steuermann erkannte die Klabautermännchen. Er betrachtete sie neugierig. Da begannen die beiden Männchen ein Gespräch. „Gehst du auch auf See?", fragte das Männchen vom Schiff gegenüber. Sein Klabautermännchen antwortete: „Ich bleibe hier. Im Kanal sinkt das Schiff."

Ein Steuermann fuhr. ____________________

____

____

____

____

____

____

____

____

2 *Setze die Verben in Klammern im ▷ Präteritum so ein, dass sie zum Subjekt passen. Achte auf ein- und ▷ zweiteilige Prädikate.*

▷ S. 31
▷ S. 41

Da *dachte* (denken) der Steuermann: „Wenn es so steht, gehe ich auch nicht mit." Am anderen Morgen ____________ (erzählen) er dem Kapitän von seinem Erlebnis. Dieser aber und die ganze Mannschaft ____________ (lachen) ihn aus. Der Steuermann ____________ (bleiben) bei seinem Vorsatz. Er ____________ (nehmen) seinen Abschied von dem Schiffe und ____________ (gehen) auf ein anderes.

Als er am Ende seiner Reise seinen Bestimmungsort ____________ (erreichen), ____________ (erhalten) er auch schon die Unglücksnachricht: „Dein früheres Schiff ____________ (untergehen) mit Mann und Maus im Kanal ____________."

Die Objekte

! Die meisten Sätze brauchen außer ▷ Subjekt und ▷ Prädikat weitere Satzglieder, damit sie vollständig sind. ▷ S. 42, ▷ S. 40
Satzglieder, die man mit **Wem?** erfragen kann, sind **Dativobjekte:**
Die Gruppe folgt ... **Wem?** ... *dem Wattführer.*
Satzglieder, die man mit **Wen?** oder **Was?** erfragen kann, sind **Akkusativobjekte:**
Manuel findet ... **Was?** ... *eine Miesmuschel.*

1 *Aysun ruft Sandra an. Sie hat Max, Sandras Meerschweinchen, in Pflege. Die Verbindung ist sehr schlecht.*
a) Notiere die Fragen, die Aysun stellt.
b) Bestimme das Satzglied, das sie nicht versteht.

So schallt es aus dem Handy:	Aysuns Frage	Satzglied
„Hallo, hier ist knxknx!"	*„Wer ist da?"*	*Subjekt*
„Stell dir vor, ich habe hier knxknx getroffen!"		
„In den letzten Tagen hatten wir kräftigen knxknx."		
„knxknx ist schon ganz braun!"		
„Geht es knxknx gut?"		
„Vergiss nicht, knxknx regelmäßig zu füttern!"		
„knxknx hat sich einen kräftigen Sonnenbrand geholt."		
„Gib knxknx auch frische Streu!"		
„Richte bitte knxknx viele Grüße von uns aus!"		

Mit der **Erweiterungsprobe** kann man prüfen, ob eine Aussage genau genug ist:

Großmutter kauft.

Wen oder was? *... ein Eis.* ***Wem?*** *... ihren Enkeln ...*

Großmutter kauft ihren Enkeln ein Eis.

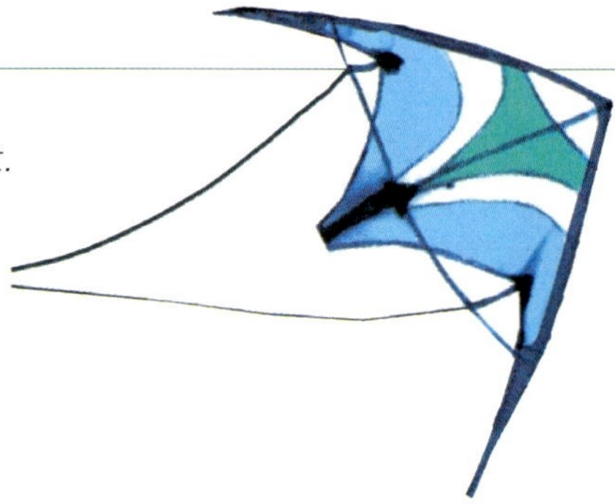

2 *Ergänze die folgenden Sätze sinnvoll, indem du passende Objekte ergänzt. Arbeite mit den Satzanfängen unter den Schreibzeilen nach dem vorgegebenen Muster weiter.*

Vater kauft *einen Drachen* .
(Akkusativobjekt)

Vater kauft *seinen Kindern* (Dativobjekt) *einen Drachen* (Akkusativobjekt).

Manuel schenkt ______ .
(Akkusativobjekt)

Manuel schenkt ______ (Dativobjekt) ______ (Akkusativobjekt).

Oma schickt ______ .
(Akkusativobjekt)

Oma schickt ______ (Dativobjekt) ______ (Akkusativobjekt).

Sandra schreibt ______ .
(Akkusativobjekt)

Sandra schreibt ______ (Dativobjekt) ______ (Akkusativobjekt).

Die Kellnerin bringt ______ .
(Akkusativobjekt)

Die Kellnerin bringt ______ (Dativobjekt) ______ (Akkusativobjekt).

Vater gibt ______ .
(Akkusativobjekt)

Vater gibt ______ (Dativobjekt) ______ (Akkusativobjekt).

Die Kinder malen ______ .
(Akkusativobjekt)

Die Kinder malen ______ (Dativobjekt) ______ (Akkusativobjekt).

Teste dich! – Satzarten, Satzglieder

1 *Nach einem **Aussagesatz** steht*

- [ ] ein Fragezeichen.
- [ ] ein Punkt.
- [ ] ein Ausrufezeichen.

2 *Setze das fehlende **Satzzeichen**.*

Sandra macht Ferien an der Nordsee ___

3 ***Satzglieder** bestimmt man mit der ____________________probe.*

4 *Wie viele **Satzglieder** enthält der folgende Satz? Kreuze an.*

Mit der Familie wandert Sandra um die Insel.

☐ 2 ☐ 3 ☐ 4 ☐ 5

5 *Die ____________________probe vermeidet **Wiederholungen**.*

6 Mittags essen sie ihre Lunchpakete.

*Kreuze an – das Satzglied an **zweiter** Stelle des Beispielsatzes ist das:*

☐ Subjekt ☐ Akkusativobjekt
☐ Prädikat ☐ Dativobjekt

7 *Streiche die falsche **Personalform** des Verbs durch:*

Die Alpen ist / sind ein beliebtes Urlaubsziel.

8 *Unterstreiche im folgenden Satz das **Subjekt**.*

Manuel findet einen toten Seestern.

9 *Bestimme ein Satzglied des folgenden Satzes.*

Er zeigt Sandra seinen Fund.

*Kreuze die richtige Antwort an – **Sandra** ist hier das:*

☐ Prädikat ☐ Dativobjekt
☐ Subjekt ☐ Akkusativobjekt

10 *Eine Aufgabe für Tüftler!*

Die Eltern bewundern die schöne Sandburg.

*Kreuze die richtige Antwort an – der Satz enthält **kein***

☐ Subjekt ☐ Akkusativobjekt
☐ Dativobjekt ☐ Prädikat

11 *Werte deine Ergebnisse aus, indem du deine Antworten mit dem Lösungsheft abgleichst. Für jede richtige Antwort bekommst du einen Punkt.*

10–7 Punkte	6–4 Punkte	3–0 Punkte
☺ *Gut gemacht!*	😐 *Gar nicht schlecht. Schau dir die Merkkästen der Seiten 35 bis 44 noch einmal an.*	☹ *Arbeite die Seiten 35 bis 44 noch einmal sorgfältig durch.*

ARBEITSTECHNIK – GUT SCHREIBEN, FEHLER VERMEIDEN

- Schreibe deine **Buchstaben deutlich** und **gleich groß.**
- **Forme** jeden Buchstaben so **genau,** dass er mit keinem anderen verwechselt werden kann.
- **Schreibe aufrecht,** die Schrift darf nicht zu stark nach rechts oder links geneigt werden.
- Deine Schrift muss für andere **problemlos lesbar** sein.

Du hast in der Grundschule eine Schreibschrift erlernt. Nicht jedes Kind hat dieselbe Schrift gelernt: Es gibt die so genannte lateinische Ausgangsschrift und die vereinfachte Ausgangsschrift. Manchmal ist es etwas ungewohnt, die jeweils „andere" Handschrift zu lesen. Umso wichtiger ist es, lesbar und gut zu schreiben.

1 *a) Erinnere dich, wie man die Schrift, die du erlernt hast, richtig und sorgfältig schreibt. Wähle deine Ausgangsschrift und schreibe mit einem Füller die folgenden Wörter nach. Verfolge jeden einzelnen Buchstaben genau.*

Lateinische Ausgangsschrift

Radiergummi, Heißluftballon,
Modellflugzeug, Königreich,
Luftfahrt, Fahrradschloss

Vereinfachte Ausgangsschrift

Radiergummi, Heißluftballon,
Modellflugzeug, Königreich,
Luftfahrt, Fahrradschloss

b) Schau dir die „andere" Schrift an. Welche Buchstaben unterscheiden sich von „deiner" Schrift? Umkreise sie.

2 *Jedes Wort hat ein „Bild":* Radiergummi 

Es ist wichtig, dass die oberen und die unteren Längen der Buchstaben ausgearbeitet werden, sonst fällt das Lesen schwer. Übertrage die Wörter von oben in die folgenden Linien. Achte darauf, dass die Buchstaben oben und unten bis an die gestrichelten Linien reichen.

3 *Der folgende englische Satz enthält alle Buchstaben des Alphabets.*
Schreibe ihn in deiner schönsten Schreibschrift ab.
Achte auf die oberen und die unteren Längen der Buchstaben.

The quick brown fox jumps over the lazy dog.*

* Der schnelle braune Fuchs springt über den faulen Hund.

4 *Berichte deinem Tischnachbarn oder deiner Tischnachbarin etwas über dich.*
a) Vervollständige in deiner schönsten Schrift die folgenden Sätze.

Mit meiner besten Freundin ____________________

Mein bester Freund kann ____________________

Am liebsten beschäftige ich mich mit ____________________

Den Film ____________________ mag ich besonders, weil

Später will ich einmal ____________________

b) Tauscht jeweils an einem Tisch eure Texte aus.
Jeder liest den Text der Mitschülerin oder des Mitschülers und unterstreicht alle Wörter, die nicht gut lesbar sind. Tauscht anschließend die Hefte wieder zurück.
c) Trainiere die Wörter, die weniger gut lesbar waren. Schreibe jedes Wort einmal ab.

ARBEITSTECHNIK – ALPHABETISCH NACHSCHLAGEN

Wenn du unsicher bist, wie etwas geschrieben wird, musst du in einem Wörterbuch nachschlagen. Dort findest du die Wörter in **alphabetischer Reihenfolge.** Um zügig nachschlagen zu können, musst du dich im Alphabet gut auskennen:

aA, bB, cC, dD, eE, fF, gG, hH, iI, jJ, kK, lL, mM, nN, oO, pP, qQ, rR, sS, tT, uU, vV, wW, xX, yY, zZ

Wörter mit dem gleichen Anfangsbuchstaben werden nach dem zweiten Buchstaben geordnet. Ist auch der zweite Buchstabe gleich, dann ordnet man nach dem dritten und so fort.

Kiefer
Kielwasser
Kieme
Kiesel

1 *a) Setze in jede Lücke den oder die fehlenden Buchstaben des Alphabets in Großbuchstaben.*

____ C ____ E ____ G ____ J K ____ N ____ P ____ S ____ U ____ W ____ Z

b) Ergänze die fehlenden Buchstaben.

R _ _ U   C _ _ _ G   S _ _ V   K _ _ _ O   W _ _ Z   G _ _ J

A _ _ _ E   L _ _ _ P   E _ _ _ I   D _ _ _ H   P _ _ _ _ U

2 *Schreibe das Alphabet rückwärts und in Kleinbuchstaben auf.*

3 *Ordne die folgenden Wörter in alphabetisch richtiger Reihenfolge in die Tabelle ein.*

Rohr   Riese   Roboter   Radio   Beleuchtung   Brille   Begabung   Beifall

Erster Schritt: Ordne nach dem ersten Buchstaben.	**Zweiter Schritt:** Ordne nach dem zweiten Buchstaben.	**Dritter Schritt:** Ordne nach dem dritten Buchstaben
Beleuchtung	Beleuchtung	
Brille	Beifall	
Begabung		
Rohr		

4 *a) Ordne die folgenden Wörter alphabetisch, indem du sie nummerierst.*

☐	Name	☐	Natur	☐	Nacken	☐	Nachmittag
☐	Nase	1	Nabel	☐	Narr	☐	Narbe
☐	Napfkuchen	☐	Nation	☐	Nagel	☐	Nacht

b) Schreibe diese Wörter in der richtigen alphabetischen Reihenfolge auf.
Überprüfe deine Anordnung anschließend noch einmal.

____

____

____

____

5 *a) Um die Lücken in den Wörtern sinnvoll zu füllen, darfst du jeden Buchstaben des Alphabets nur einmal verwenden.*
Die meisten Wörter sind Nomen. Streiche die bereits eingesetzten Buchstaben im Kasten durch.

_ OS _

_ OGA

_ O _ E

_ AH _

_ _ OT

_ A _ D

_ OLF

WA _ D

_ A _ H

TA _ _

_ OH _

_ _ SE

_ A _ L

_ UE _

BE _ RE

b) Sortiere die Wörter in alphabetischer Reihenfolge und schreibe sie in richtiger Groß- und Kleinschreibung ab.

____

____

____

____

____

Du kannst Fehler vermeiden, wenn du bei Zweifeln über die richtige Schreibweise im **Rechtschreibwörterbuch** nachschlägst. Dort erfährst du auch, wie ein Wort getrennt wird, wie schwierige Wörter ausgesprochen werden, welcher Artikel zu einem Nomen gehört, wie der Plural lautet oder welche Endung der ▷ Genitiv hat. Beachte:

▷ S. 19

- **Verben** sind im Wörterbuch **im Infinitiv** (Grundform) verzeichnet: *er isst → essen.*
- Bei **zusammengesetzten Nomen** musst du mehrmals nachschlagen, z. B. *Vanillepudding → Vanille + Pudding.*

6 *In dem folgenden Auszug aus einem Wörterbuch sind einige Stellen markiert. Erkläre die Unterstreichungen, Abkürzungen und Sonderzeichen. Schreibe auf, welche Informationen die rot unterlegten Flächen geben.*

TIPP

Die Abkürzungen und Zeichen sind in den meisten Wörterbüchern gleich oder ähnlich. Auf den ersten oder letzten Seiten deines Wörterbuches findest du die Erklärungen dazu.

Trieb der, des Trieb(e)s, die Triebe: ein junger Pflanzentrieb (Spross), sein spielerischer Trieb (Hang); **trieb|haft**

trie|fen du triefst, sie troff/triefte, getroffen/getrieft, er triefte (*selten* er tröffe)

trie|zen *ugs.* jemandem heftig zusetzen, ihn ärgern, quälen, nicht in Ruhe lassen; sie triezte ihren Freund so lange, bis er sich endlich einen neuen Anzug kaufte

Trift die, die Triften: spärlich bewachsener Weg, der regelmäßig von Tieren benutzt wird, Viehweide

trif|tig sie hat triftige (schwer wiegende, stichhaltige) Gründe

Tri|go|no|me|t|rie die *griech.*: die Messung und Berechnung eines Dreiecks

Tri|kot [triko/triko] das *franz.*, des/die Trikots: elastisches, eng anliegendes Kleidungsstück; **Tri|kot** der: dehnbares Gewebe; **Tri|ko|ta|gen** [trikotaschen] die: maschinell gestricktes Material, Kleidung aus Trikot

Tril|ler der *ital.*; **tril|lern; Tril|ler|pfei|fe** die

Tril|li|ar|de die *lat.*: tausend Trillionen (10^{21}); **Tril|li|on** die: eine Million Billionen (10^{18})

Tri|lo|gie die *griech.*, die Trilogien: drei eigenständige, aber im Thema zusammengehörende Romane, Musikstücke oder Filme in Folge

Trimm-dich-Pfad der; **trim|men** sich sportlich trimmen, die Ladung wird getrimmt (verstaut)

trink|bar; trin|ken du trinkst, sie trank, getrunken, er tränke; **Trin|ker** der; **Trinkerheil|an|stalt** die; **Trin|ke|rin** die; **trinkfest; Trink|spruch** der; **Trunk** der, des Trunk(e)s; **trun|ken** am trunkensten: er war trunken vor Glück

Trio das *ital.*, des/die Trios: 1. Musikstück für drei Instrumente 2. die drei Musiker, eine Drei-Personen-Gruppe; das Gaunertrio plante einen Einbruch

Findest du die Tiere in diesem Dschungel?

7 *Sicher kennst du die Tiere, die sich in diesem Bild versteckt haben.*
In der freien Wildbahn würden sie einander nie begegnen.

a) Suche die versteckten Tiere heraus und trage ihre Namen mit dem richtigen Artikel in die Tabelle ein. Wenn du unsicher bist, wie das Tier richtig geschrieben wird oder welcher Artikel zu ihm gehört, schlage in einem Wörterbuch nach.

b) Für Könner: Suche die englische Übersetzung aus einem Wörterbuch der Sprachrichtung Deutsch-Englisch heraus und ergänze die Tabelle um die englischen Namen der Tiere.

Deutscher Name	Englischer Name	Deutscher Name	Englischer Name

!

- **Einsilbige Wörter** kann man nicht trennen: *Kind, Tier, eins.*
- **Mehrsilbige Wörter** trennt man nach Sprechsilben, die man bei langsamem, betontem Sprechen hören kann, z. B. *Ap-fel, Lap-pen, Spa-zier-gang, Fuß-ball-welt-meis-ter-schaft, er-zäh-len.* In die neue Zeile kommt nur ein Konsonant: *knusp-rig, Kat-ze, durs-tig.*

Wenn du unsicher bist, wie ein Wort getrennt wird: Schlage in deinem Rechtschreibwörterbuch nach.

1 *Lies die folgenden Wörter nach Sprechsilben gegliedert deutlich betont vor. Schreibe sie dann nach Silben getrennt auf. Ergänze bei den ▷ Nomen den richtigen Artikel.* ▷ S. 17

Jugendherberge Kindergärtnerin Buch Alter ~~Nagel~~ Ferne
Ei wundern putzen schreiben Pusteblume Arbeitsblatt
Fenster Reizhusten Fernsehzuschauer Schiene Sonnenschein
Mond Wespe behaupten Freundschaft Adler Großmutter

der Na-gel ________ ________ ________

!

Die **Buchstabenverbindungen ck, ch** und **sch** werden nicht getrennt: *Zu-cker, Kno-chen, klat-schen.*

2 *Trage die folgenden Wörter mit Silbentrennstrich in die richtigen Spalten der Tabelle ein.*

~~dreckig~~ Köchin Flaschen stechen riechen stecken zwischen rücken
Fälschung Decke Kirsche lachen kriechen ausdrucken Mischung

-ck-	-ch-	-sch-
dre-ckig		

Die wichtigsten Rechtschreibproben

ARBEITSTECHNIK – DIE ABLEITUNGSPROBE

Um herauszufinden, wie Wörter geschrieben werden, kannst du ein Wort ableiten, also **ein verwandtes Wort aus der Wortfamilie suchen.** Bist du z. B. nicht sicher, ob ein Wort mit ***ä*** oder ***e*** geschrieben wird, suche ein verwandtes Wort mit ***a:***
Findest du eins, schreibe mit ***ä:*** *F◎hre → fahren → Fähre.*
Dasselbe gilt für ***äu*** oder ***eu:*** *r◎◎men → Raum → räumen.*

1 *a) Schreibe zu den folgenden Wörtern verwandte Wörter auf*
b) Umkreise die Vokale, von denen abgeleitet wurde.
c) Schreibe jedes Wort richtig in die rechte Spalte der Tabelle.

ä oder e, äu oder eu?	Verwandte Wörter	Richtige Schreibung
die D◎cher	*das Dach, die Dachpappe, die Dachluke*	
◎ngstlich		
der H◎◎ptling		
sich sch◎men		
die Kr◎fte		
der St◎ngel		
sich n◎hern		
k◎◎flich		
die H◎◎te		
das H◎◎schen		

2 *Suche das passende Wort aus dem Zettelkorb, trage es vollständig ein und schreibe jeweils ein verwandtes Wort auf, von dem du die richtige Schreibweise ableiten kannst. Ergänze bei Nomen den Artikel.*

Das Kind der Kuh: *das Kälbchen, das Kalb*

So oft feiert man Silvester: ____

Farbe des Meeres: ____

Aufbewahrungsort für Schmuck: ____

Das ist ein schwieriges ...: ____

Der Wal ist ein ...: ____

Kleine Tiere: ____

Beruf im Zoo: ____

Ebenso ist es mit *g* und *k* (*Sie◎*) und mit *d* und *t* (*Hel◎*).

Erst wenn du die Wörter um eine Endung verlängerst und deutlich sprichst, hörst du, welchen Buchstaben du schreiben musst: *gel◎ → gelbe, Sie◎ → Siege; Held → Helden.*

3 *Die gesuchten Wörter enden auf* **d** *oder* **t**, **g** *oder* **k**, **b** *oder* **p**. *Bilde die Verlängerung, bevor du die Lösung einträgst.*

Schlangen töten mit			G	I	F	T	Gifte, giftig
Ein sehr kräftiger Mensch ist							
Gangart des Pferdes							
Gegenteil von warm							
Junger Mensch							
Die Sonne spendet							
Gegenteil von gefälscht							
Mensch und Tier brauchen zum Atmen							

Das Lösungswort bezeichnet ein Licht, das im Märchen über dem Moor geistert: ______

4 *Trage die gesuchten Wörter ein. Wende die Verlängerungsprobe an, um die richtige Endung zu finden.*

 ______  ______  ______  ______

______  ______  ______  ______

 ______  ______ 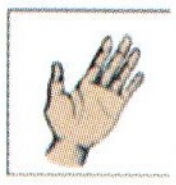 ______  ______

 ______  ______  ______  ______

5 *Schließe die Lücken im Text, indem du* **d** *oder* **t**, **g** *oder* **k**, **b** *oder* **p** *einträgst.*

Das Mon__schaf

Das Lich__ der Sonne verlösch__ sanf__ über dem Fel__, der Aben__ zieh__ herauf. Es wird Nach__. Das Lau__ wie__t sich leise im Win__, hier und da knarr__ ein As__. Bal__ wir__ der helle Mon__ erscheinen. Leise rascheln__ schie__t sich etwas durch die Büsche am Wal__essaum. Erkenns__ du es? Es ist das Mon__schaf, Freun__ aller Schlafen__en. In deinen Traum hinein wir__ es hauchen: „Schlaf, mein Kin__."

Rechtschreiben üben

ARBEITSTECHNIK – DAS PARTNERDIKTAT

Wie der Name schon sagt, führt man ein Partnerdiktat stets zu zweit durch.

1. Lest zuerst gemeinsam den Diktattext durch und achtet auf schwierige Wörter.
2. Diktiert abwechselnd Abschnitt für Abschnitt.
3. Treten beim Schreiben Unsicherheiten auf, helft ihr euch gegenseitig:
   Wer schreibt, fragt bei schwierigen Stellen nach.
   Wer diktiert, macht die Schreibende oder den Schreibenden auf Fehler aufmerksam.
4. Am Ende kontrolliert jeder seinen Text und anschließend den Text der Partnerin oder des Partners.

Wichtig ist, dass ihr wirklich als Partner zusammenarbeitet.

1 *Wählt zwei der drei Texte aus und diktiert sie euch gegenseitig.*
Geht vor wie oben in der Arbeitstechnik „Das Partnerdiktat" beschrieben.

Siegfried, Held der Nibelungen

Zu Xanten am Niederrhein lebte einst Siegfried, der Nibelunge. Schon in früher Jugend erlangte er Ruhm durch seine Kraft und Kühnheit. Man erzählt, dass er auf dem Drachenfels am Rhein einen gewaltigen Drachen besiegte. Siegfried benutzte eine List, um den Drachen zu töten: Er lauerte dem schwerfälligen Untier in einer tiefen Grube auf und stach ihm mit seinem Schwert mitten ins Herz. So kam es, dass der Drache sein letztes Feuer spie, während sein Blut in die Grube lief. Als sie schließlich voller Drachenblut war, nahm Siegfried darin ein Bad, worauf seine Haut verhornte und für jede Waffe unverwundbar wurde. Doch ein Lindenblatt war zwischen seine Schulterblätter gefallen – an genau dieser Stelle blieb sein Körper verwundbar. Eine Schwäche, die Siegfried Jahre später sein Leben kosten sollte ...

Ferkel zu tauschen

Was gibt es da zu schnüffeln? Zu fressen finden die zwei Ferkel auf dem blank geputzten Boden sicher nichts. Aber Jay und Caren haben ihnen eine Kordel um den Hals gebunden, damit sie nicht entwischen. So können die Kinder mit ihren Hausschweinen Gassi gehen. Bis vor zehn Jahren gab es auf der Insel Babuyan kaum technische Geräte und nur ein einziges Fahrrad. Computer und Handys? Unbekannt. Heute hat die Hälfte der Einwohner fließend Wasser, doch Schweine sind immer noch der kostbarste Besitz auf der Insel: Wenn Taifune, tropische Wirbelstürme, die Ernte auf der Insel zerstören, tauschen die Eltern die Ferkel bei Matrosen, die mit den Schiffen vorbeifahren, gegen Reis ein. Und die Kinder müssen sich neue Haustiere suchen.

Daniel Defoe

Robinson Crusoe, der Schiffbrüchige 1 (1719)

Jetzt galt es, die Gegend zu erforschen, einen geeigneten Platz für meine Unterkunft zu suchen und die Ladung in Sicherheit zu bringen. Ich wusste nicht, ob ich mich auf dem Festland oder auf einer Insel befand, ich wusste nicht, ob das Land bewohnt war oder nicht, ob ich in Angst vor wilden Tieren leben musste oder ob es hier nur harmloses Getier gab. Ungefähr eine Meile von mir entfernt bemerkte ich einen steil aufragenden Hügel, der einen nach Norden führenden Höhenzug überragte. Ich nahm eine der Vogelflinten, eine Pistole und ein Pulverhorn und bestieg den Hügel. Als ich oben angekommen war, sah ich zu meinem Kummer, dass es mich auf eine rings vom Meer umschlossene Insel verschlagen hatte. Kein Land war zu sehen, nur einige Klippen, die aus dem Meer aufragten.

1. Der Text sollte etwas entfernt von deinem Arbeitsplatz liegen (z. B. auf der Fensterbank).
2. Geh hin und präge dir ein Wort oder einen Satzteil ein.
3. Sprich dieses Wort oder diesen Satzteil auf dem Rückweg zu deinem Platz leise vor dich hin.
4. Schreibe dieses Wort oder diesen Satzteil auf. Sprich beim Schreiben leise mit.
5. Nachdem du das Diktat vollständig aufgeschrieben hast, musst du es Wort für Wort mit der Vorlage abgleichen und jeden Fehler berichtigen.

2 *Entscheide dich für einen der folgenden Texte und führe das Laufdiktat durch wie in der Arbeitstechnik beschrieben.*

Kennst du Till Eulenspiegel?

Die Stadt Groningen im niederländischen Friesland behauptet, die Heimat des Till Eulenspiegel zu sein. Ob er wirklich gelebt hat oder nur ein Produkt der Fantasie ist, weiß aber in Wahrheit niemand genau. Doch über die Schelmenstreiche von Till Eulenspiegel lachen wir bis heute. Der Narr mit der Schellenkappe zog der Legende nach von Ort zu Ort und führte vor allem Reiche, Mächtige und Heuchler an der Nase herum. In Erfurt etwa soll er einem Esel das Lesen beigebracht haben, nur um die hohen Herren der Universität zu ärgern. In Braunschweig, sagt man, habe er Eulen gebacken und seinen Bäckermeister zur Weißglut getrieben. Und noch bei seinem Tod seien seltsame Dinge zu beobachten gewesen.

Die sprechenden Mauern des Kölner Doms

Der Teufel, so erzählt man sich in Köln, beäugte den dortigen Dombau argwöhnisch und ging – kaum dass man zu bauen begonnen hatte – eine Wette mit dem Baumeister ein: Der Herr der Hölle wollte eine Wasserleitung von der Eifel nach Köln bauen, noch bevor der Kirchbau abgeschlossen sei. Würde er gewinnen, so gehöre ihm die Seele des Baumeisters. Als der Meister schließlich auf dem vollendeten Turm der Kirche stand, sah er, dass der Teufel seine Aufgabe bereits vollbracht hatte. Voller Zorn und Verzweiflung stürzte er sich in die Tiefe, um sich dem Satan zu entziehen. Doch dieser folgte ihm direkt hinterher – in Gestalt eines Höllenhundes. Beide – der Dombaumeister und der Hund – sind noch heute in Stein gehauen an der Fassade des Kölner Doms zu bewundern.

Daniel Defoe

Robinson Crusoe, der Schiffbrüchige 2 (1719)

Meine Insel war öde und allem Anschein nach unbewohnt. Ich entdeckte auch keine Tiere; nur Scharen von Vögeln trieben sich in den Bäumen herum. Auf meinem Rückweg schoss ich einen großen Vogel, den ich auf einem Baum eines sich lang erstreckenden Gehölzes sitzen sah. Es war gewiss der erste Schuss, der seit der Erschaffung der Welt hier ertönte. Kaum hatte ich meine Flinte abgefeuert, als aus dem Wäldchen eine Unzahl von Vögeln verschiedenster Art aufstieg, die mit sonderbaren Stimmen krächzten und schrien, doch war mir keine der Gattungen bekannt. Der Vogel, den ich erlegt hatte, schien der Habichtgattung anzugehören. Sein Schnabel und die Farbe des Gefieders sprachen dafür. Sein Fleisch roch nach Aas und war ungenießbar.

ARBEITSTECHNIK – DAS EIGENDIKTAT

1. Lies den Diktattext von Anfang bis Ende. Wenn du etwas nicht verstanden hast, wiederhole es.
2. Präge dir einen Satz oder einen zusammenhängenden Satzteil ein. Merke dir dabei Besonderheiten.
3. Decke den Text zu und schreibe den Textabschnitt auswendig auf. Sprich jedes Wort deutlich mit.
4. Schreibe mit großem Zeilenabstand, dann kannst du später bequem Fehler berichtigen.
5. Wenn du den Text vollständig geschrieben hast, vergleiche ihn Wort für Wort mit der Vorlage.
6. Berichtige deine Fehler.

3 *Suche dir einen der folgenden Texte für dein Eigendiktat aus und führe dieses durch wie in der Arbeitstechnik oben beschrieben.*

Wie die Stadt Hameln ihre Kinder verlor

In Hameln bat man im Jahre 1284 einen Mann, der mit seiner Flöte durchs Land zog, die Stadt von einer Ratten- und Mäuseplage zu befreien. Mit seinem Flötenspiel lockte er die Tiere in die nahe liegende Weser, in der sie schließlich ertranken. Als aber der Rattenfänger seinen versprochenen Lohn verlangte, verweigerten die Bürger ihm diesen und verjagten ihn. Hätten sie doch geahnt, was sie damit anrichteten! Schon kurz darauf kehrte der Rattenfänger zurück. Diesmal jedoch folgten ihm die Kinder, von seinem magischen Flötenspiel angelockt, zur Stadt hinaus. Das Letzte, was man je von ihnen sah, waren ihre Haarschöpfe und Mützen, die in einer Senke des Poppenbergs verschwanden. Zur Erinnerung an dieses traurige Ereignis errichtete die Stadt Hameln zwei steinerne Kreuze am Fuße dieses Berges.

Viele Kinder, viel Appetit!

Das wird ein Festmahl! Jorge, 13 Jahre alt, schleppt eine Plastiktüte voller Fische an Land. Die haben er und sein achtjähriger Bruder Jorgito aber nicht selbst aus dem Meer geangelt. Die Jungen sind im seichten Wasser zum Boot eines Fischers gewatet und haben ihm den Fang abgekauft. Die beiden Brüder leben auf der Insel Inhaca, die zu Mosambik gehört, einem Land im Südosten Afrikas. Die Mutter hat die beiden Jungen zum Einkaufen geschickt. Weit laufen mussten sie nicht – das Haus der Familie liegt nur drei Minuten vom Strand entfernt, in einem Ort ohne Namen. Fünf Kilogramm Fisch tragen die Brüder nun nach Hause. Das reicht aber gerade, um die Familie einmal satt zu bekommen. Jorge und Jorgito haben nämlich elf Geschwister! Es sind so viele, dass sogar die Mutter manchmal den Überblick verliert. Wenn man sie fragt, wie viele Kinder sie hat, muss sie erst einmal nachdenken: „Zwölf? Oder 13? Na ja, es sind eben viele."

Daniel Defoe

Robinson Crusoe, der Schiffbrüchige 3 (1719)

Eine Woche lang machte ich Ferien. Ich baute einen Käfig für meinen Papagei, der sich bei mir schon ganz heimisch fühlte. Dann fiel mir das arme Zicklein ein, das ich im Hof meines Landhauses eingesperrt hatte. Als ich hinkam, war es schon halb verhungert. Ich schnitt Baumzweige und Gras ab und warf ihm beides vor. Später wollte ich es an die Leine legen, aber der Hunger hatte es zahm gemacht, und es folgte mir wie ein treuer Hund. Ich fütterte es nun regelmäßig, und das Tier wurde so zutraulich, anhänglich und zärtlich, dass ich es in meine Familie aufnahm. Die Regenzeit der herbstlichen Tagundnachtgleiche war wieder herangekommen, und ich feierte den 30. September als Jahrestag meiner Landung.

TIPP

Hast du Lust bekommen, die spannende Geschichte von Robinson Crusoe auf seiner einsamen Insel weiterzulesen? Du kannst dir das Buch in einer Stadtbücherei ausleihen oder es im Buchhandel kaufen.

! Nach **betonten kurzen Vokalen** (Selbstlauten) folgen fast immer **zwei Konsonanten** (Mitlaute).
Du kannst sie in den meisten Fällen beim Hören gut unterscheiden, z. B. *Topf, Wand, petzen.*
Hörst du nur **einen Konsonanten,** wird er beim Schreiben **verdoppelt,** z. B. *brennen, sammeln, Stelle, hatten, Pappe, rütteln, Schlüssel.*

1 *a) Der folgende Text enthält viele Wörter mit betontem kurzem Vokal. Unterstreiche Wörter mit zwei verschiedenen Konsonanten nach kurzem Vokal mit grünem Stift, Wörter mit verdoppeltem Konsonanten mit blauem Stift.*

Straßenkinder in der Backstube

Der Duft von gebackenem Brot weht auf die Straße, als sich die Schultür öffnet. Mit vollen Bastkiepen auf dem Rücken ziehen Francisco und seine Freunde zum großen Platz der alten Inkastadt Cuzco. Jeden Abend verkaufen die Kinder dort Kuchen und Brot aus ihrer Bäckerei. Francisco strahlt. Noch vor Kurzem hauste der Neunjährige auf der Straße – ohne Eltern, ohne regelmäßiges Essen. Dann aber hörte er vom Projekt „Huch'uy Runa", was so viel heißt wie „kleine Menschen, die vorankommen". In der Ganztagsschule lernen rund 200 peruanische Straßenkinder nicht nur Lesen und Schreiben, sondern auch ein Handwerk. Die Lehrer haben Francisco sogar geholfen, ein Bett bei Verwandten zu bekommen. Seine wirkliche Familie aber, so sagte der Junge, sind „Huch'uy Runa" und die Freunde aus der Backstube.

b) Trage die unterstrichenen Wörter in die richtige Spalte der folgenden Tabelle ein. Kennzeichne den kurzen Vokal, indem du einen Punkt darunter zeichnest.

Wörter mit **zwei verschiedenen Konsonanten** nach betontem kurzem Vokal	*Duft*
Wörter mit **verdoppeltem Konsonanten** nach betontem kurzem Vokal	*öffnet*

2 *Schau dich im Klassenzimmer um und suche mindestens zehn Gegenstände, die mit betontem kurzem Vokal geschrieben werden. Schreibe diese in dein Heft. Wenn du unsicher bist, wie die Wörter geschrieben werden, schlage in einem ▷ Rechtschreibwörterbuch nach.*

▷ S. 48–50

3 *Löse das Rätsel. Gesucht sind Wörter mit betontem kurzem Vokal.*

Gesucht: waagerecht	
1.	sich im Wasser bewegen
2.	Nahrungsaufnahme bei Tieren
3.	große Ruhe, Lautlosigkeit
4.	tragen Verheiratete meist am Finger
5.	beliebtes kleines Haustier
6.	anderes Wort für „Sieger“
7.	im Kleid ist ein …
8.	Bekleidungsstück für Frauen

Gesucht: senkrecht	
A	scheint am Tag
B	anderes Wort für „senden“
C	wo zwei Wände aufeinanderstoßen
D	Sportart
E	schlägt in Kirchentürmen
F	Bei Verletzungen empfindet man …
G	Jahreszeit
H	kurze Haare am Augenlid

4 *Suche zu den folgenden Wörtern Reimwörter und schreibe sie auf.*

necken – wecken
Spatz – ______
Wanzen – ______
Schnecke – ______
Stamm – ______
Nüsse – ______
Tonne – ______
fallen – ______
Tatzen – ______

1 *Ergänze die Regeln!*

Regel 1: Nach einem betonten kurzen Vokal folgen meist ______________________.

Regel 2: Hörst du nur einen Konsonanten, wird er ______________________.

2 *a) Unterstreiche im folgenden Gedicht die Wörter, auf die sich die oben genannte Regel 1 bezieht.*

Alfons Schweiggert

Was ein Igel alles frisst

Käfer, Spinne
Wespen, Bienen,
dicke Zecken,
Frösche, Schnecken,
Wasser, Mäuse
Flöhe, Läuse,
manchmal
eine Kreuzotter,
zwischendurch
einen Eidotter,
Regenwürmer,
saftig zarte,
stehen auf der Speisekarte.
Igel, guten Appetit!
Aber ich mach' da nicht mit.
Außer Wasser und Ei
wär' für mich nichts dabei.

b) Schreibe alle Wörter aus dem Gedicht heraus, auf die sich die Regel 2 bezieht.

____

____

____

3 *Werte deine Ergebnisse aus, indem du deine Antworten mit dem Lösungsheft abgleichst.*
Für jede richtige Antwort bekommst du einen Punkt.

27–21 Punkte
☺ *Gut gemacht!*

20–13 Punkte
😐 *Gar nicht schlecht. Schau dir den Merkkasten der Seiten 58 bis 59 noch einmal an.*

12–0 Punkte
☹ *Arbeite die Seiten 58 bis 59 noch einmal sorgfältig durch.*

Lange Vokale

!

Auch wenn die **Vokale *a, e, o, u*** lang gesprochen werden, schreibt man sie meistens nur mit einfachem Buchstaben, z. B. *Frage, Schule, legen, mogeln.*

Bei einer kleineren Gruppe von Wörtern aber folgt nach dem langen Vokal ein ***h:***
Mehl, Bahn, hohl, Sohle, nehmen.
Das *h* erscheint oft in Verbindungen mit ***l, m, n, r*** und bleibt auch in den verwandten Wörtern erhalten, z. B.:
Wahl – wählen; Lehm – lehmig; Huhn – Hühner, Uhr – Uhrzeit.

1 *Hier fehlen die Reimwörter. Suche Reimwörter mit einem langem Vokal, der als einfacher Buchstabe geschrieben wird.*

Tal	Gruß	Mut	sagen
W al ______	F ______	______	______
M ______	R ______	______	______

2 *Schreibe aus den Ballons alle Wörter heraus, die den **langen Vokal** mit nachfolgendem **h** enthalten.*

1. Bahn ______ 4. ______
2. ______ 5. ______
3. ______ 6. ______

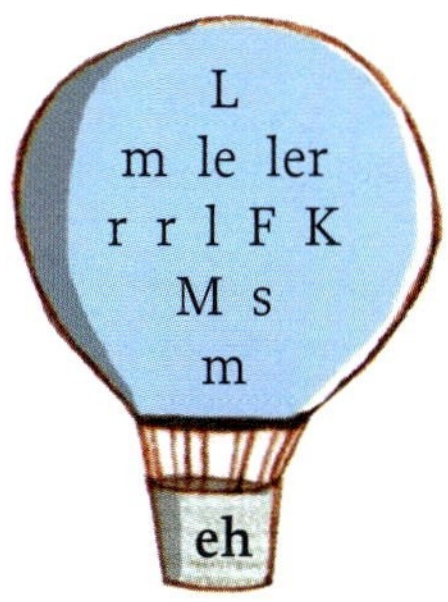

1. ______ 4. ______
2. ______ 5. ______
3. ______ 6. ______

1. ______ 4. ______
2. ______ 5. ______
3. ______ 6. ______

1. ______ 4. ______
2. ______ 5. ______
3. ______ 6. ______

Kohle Verkehr Zahn Lehrerin zahm Fröhlichkeit

ungefähr gähnen Höhle Sohn rühren Ruhm

erzählen Fehlzeit Rahmen Kahn ehren Jahr

-hl-	-hm-	-hn-	-hr-
Stahl			

4 *Diese Schlange ist gefährlich. Du findest hier Wörter mit und ohne **h**.*
a) Trenne die Wörter mit Strichen ab |.
*b) Schreibe die Wörter mit **h** heraus.*

5 *Schreibe aus dem Wörterversteck Wörter mit **eh** heraus.*
Du darfst Buchstaben doppelt verwenden.

S	X	C	V	W	O	T	P	Y
A	K	I	B	E	L	K	J	Z
B	E	F	E	H	L	E	R	E
D	H	E	H	R	E	H	X	H
F	R	S	T	E	H	L	E	N
S	E	H	R	N	M	E	H	R
F	N	A	K	B	A	J	O	W

waagerecht: Befehl,

senkrecht:

Das lange i

! Mehr als drei Viertel aller Wörter mit **lang gesprochenem *i*** werden im Deutschen mit ***ie*** geschrieben, z. B.: *Kies, Wiese, kriechen, lieb, hier.*

▷ Starke Verben ändern ihren Stammvokal, z. B. im Präteritum, manchmal in ***ie:*** ▷ S. 32
schreien → schrie, lassen → ließ.

Wenn du unsicher bist, schlage in einem ▷ Rechtschreibwörterbuch nach. ▷ S. 50

1 *Unterstreiche im folgenden Text alle Wörter mit **ie**.*

Fliegende Boten

Brieftauben zu züchten, ist im Ruhrgebiet ein sehr beliebter Volkssport. Während dies heutzutage einer riesigen Rangelei um die längste zu fliegende Wegstrecke dient, war das Anliegen der Taubenzüchter im Altertum, eine Art fliegende Briefpost zu haben.

Im Alten Testament liest man über Noah, dass er eine Taube als Zeichen dafür fliegen ließ, dass die Wasserflut wieder niedriger stand. Als fliegende „Briefträger" setzten zum Beispiel auch die ägyptischen Pharaonen Tauben ein, und sie ließen extra leichtes Papier für den Transport entwickeln. Im antiken Griechenland war es üblich, dass viele Sportler, die an den Olympischen Spielen teilnahmen, ihre eigenen Brieftauben hatten. Im Falle eines Sieges banden die Athleten einen Teil des Zielbandes an den Fuß der Tauben, die anschließend zurück in die Heimat flogen und so den Daheimgebliebenen den Sieg anzeigten.

Damals ahnte niemand, dass die gefiederten Boten auch zwei Jahrtausende später noch in Kriegszeiten als schnelle Übermittler von Nachrichten in den Dienst genommen werden würden. Mit der Erfindung des Telegrafen gingen sie dann in den verdienten Ruhestand. Heute fliegen Tauben fast ausschließlich aus sportlichem Anliegen Nachrichten aus.

2 *Ergänze die folgenden Wortbilder. Alle Wörter finden sich im vorangegangenen Text über Brieftauben.*

3 *Bilde jeweils das Präteritum zu den Verben in der Tabelle. Trage es ein und unterstreiche das lang gesprochene **i**.*

Infinitiv	Formen des Präteritums mit ie Singular	Formen des Präteritums mit ie Plural
steigen	*er stieg*	*sie*
schreiben	*sie*	*wir*
heißen	*er*	*sie*
lassen	*ich*	*ihr*

Wenn R__sen n__sen

R(ie)sen n(ie)sen

S__ben R__sen,

d__ mit bloßen Füßen

über nasse W__sen l__fen,

n__sten mit ihren R__sennasen so laut,

dass von d__sem R__senn__sen

s__ben W__selkinder,

d__ im dunklen Zimmer schl__fen,

aufwachten und „Gesundheit“ r__fen.

5 *Finde die passenden Wörter mit **ie**.*

Einbrecher 1					*i*	*e*				
junge Pflanzen 2					*i*	*e*				
Sehfehler 3					*i*	*e*				
Unterkühlung 4					*i*	*e*				
Krümmung 5					*i*	*e*				
Bahngleise 6					*i*	*e*				
Insekt 7					*i*	*e*				
Zahl 8					*i*	*e*				

TIPP – VERBEN AUF -IEREN

Viele von Fremdwörtern abgeleitete Verben enden auf *-**ieren***, z. B.
*Telefon → telefon**ieren**, Division → divid**ieren**, Kontrolle → kontroll**ieren**.*

6 *Ergänze die Tabelle um die passenden Verben zu den angegebenen Nomen.*

Nomen	Verben	Nomen	Verben
Nummer		Diktat	
Programm		Korrektur	
Explosion		Frisur	

! Es ist die Ausnahme, dass man Wörter, in denen ein **langes *i*** anklingt, nur **mit einem einfachen *i* schreibt,**
z. B.: *mir, dir, wir, er gibt, der Igel.*
In **Fremdwörtern** wird ein langes ***i*** oft mit einem einfachen ***i*** geschrieben,
z. B.: *Vitamine, Maschine, Apfelsine, Klima, Motiv.*

1 *Hinter den Sternchen verbergen sich Wörter mit einfachem **i**. Schreibe sie in vollständiger Form heraus.*

Der Einkauf

Gemäß dem Einkaufszettel kaufte die Kus*, eine Blond*, für die Schiffskant* Mandar*, Apfels*, Ros*, aber auch Gelat* und Margar* ein und schwang sich mit der Tasche auf ihre Rennmasch* (Rennrad). Bautz – der Bordstein war doch zu hoch! Wie eine Law* stürzten die Sachen auf die Straße. Ihre Term* konnte sie nicht einhalten, und in der Schiffskab* hielt der Koch eine Gard*predigt.

Kusine, ____________________

____

____

____

____

2 *Gesucht sind Wörter mit einfachem **i**.*

Teil des Auges ____________________

stacheliges Tier ____________________

Motorentreibstoff ____________________

ein Sprengkörper oder das Stäbchen im Bleistift ____________________

gelbe Großkatze mit dunklen Streifen ____________________

Staudämme bauendes Nagetier ____________________

im Wasser lebendes Raubtier ____________________

gesellig lebendes Nagetier ____________________

! Das lang gesprochene i wird nur in den Formen der Pronomen „ihm“, „ihr“, „ihnen“ mit ***ih*** geschrieben.

3 *Setze die richtigen Formen der Pronomen „ihr“, „ihm“ usw. in die Lücken des folgenden Textes ein.*

Leonie füttert __________ Katze, verabschiedet sich von __________ Mutter und steigt auf __________ Fahrrad. __________ Bruder begleitet sie auf seinem neuen Rennrad, das __________ viel bedeutet. Die beiden wollen zu dem kleinen See fahren, der __________ so gut gefällt, und dort __________ Freunde treffen. Leonie ist älter als __________ Bruder und kann schneller fahren. Sie lässt __________ nur überholen, wenn er __________ Rucksack trägt. „Dafür esse ich nachher __________ Schokoriegel“, denkt er sich.

zeichnet sind, z. B. *Haar, leer, Moos.*

1 *Setze die folgenden Wörter sinnvoll zu Nomen zusammen und schreibe sie auf.*

Personen ~~Schnee~~ Fest Haar Stachel Waage Blatt Boot Saal
Schnee Beere Spange See Flocke Räuber Segel Klee ~~Pflug~~

Schneepflug, ______________________________

____

____

2 *a) Im folgenden Gedicht fehlen Reimwörter. Setze die folgenden Wörter passend ein.*

Tee Nordsee Waage Gelee Schnee Haar Staaten Boot

Aal zum Frühstück

In Aachen steckte sich ein fröhliches Paar
die Federn eines Aars ins lockige ____________
(der Aar ist ein Adler in jeder Rätselfrage).
Der Mann brachte 100 Kilo auf die ____________,
aß schon zum Frühstück Aal mit Püree,
zum Nachtisch noch Erdbeeren in ____________,
trank danach liebend gerne Kaffee
und schlief dann ruhig auf dem Kanapee.
Er liebte das Meer, vor allem die ____________
bei Langeoog, Spiekeroog oder Wangeroog
und bei Schleswig-Holstein den Koog[1],
wohin er gern per Flugzeug flog.

Er diskutierte mit dem Maat von der Saar,
über Marine, Heer und Soldaten
der Armeen vieler anderer ____________.
Die Frau dagegen stand auf Diät
und liebte den Tee indischer Qualität.
In Bad Wiessee am Tegernsee
ging sie zur Kur und trank dort nur ____________.
Die Packung aus Moor
nahm sie mit Humor. Sie fror
beim Blick aus dem Fenster des Saals
auf moosbewachsene Tannen,
auf Kühe im Klee und Berge im ____________.
Da kam ihr die Idee, mit dem ____________
zu besuchen den Zoo bei Morgenrot.

[1] **der Koog:** eingedeichtes Marschland an der Nordseeküste

b) Unterstreiche im Gedicht alle Wörter mit Doppelvokalen.
Lege in deinem Heft eine Tabelle nach folgendem Muster an.
Trage die unterstrichenen Wörter nach Vokalen geordnet in die Tabelle ein.

aa	ee	oo

a) Schreibe die Wörter zu den folgenden Bildern auf.

 ______________  ______________ 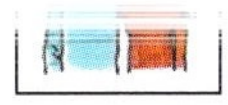 ______________

Erdbeere: Erdbeerbeet

! Eine Reihe von Fremdwörtern endet auf **ee:** *Armee, Idee, Kaffee, Tee, Klischee, Portmonee, Püree, Tournee.*

4 *In diesem Wortgitter stecken elf Wörter, die auf* **ee** *enden. Findest du sie alle? Umkreise die Wörter und schreibe sie heraus.*

K	W	X	P	V	Q	P	M	T	Y
A	R	M	E	E	L	Ü	T	E	R
B	M	X	T	O	U	R	N	E	E
V	G	I	D	E	E	R	N	L	N
Z	E	K	A	F	F	E	E	Z	T
K	L	I	S	C	H	E	E	B	R
N	E	O	R	C	H	I	D	E	E
T	E	W	A	L	L	E	E	S	E

☐ mit Doppelkonsonant, ☐ mit einfachem Buchstaben, ☐ mit Umlaut.

2 *Ergänze den folgenden Merkspruch:*

Nach langem **o, u, e,** und **a**
steht hier und da ein **h.**
Schreib lieber nicht zu schnell, ... prüf, ob danach folgt ____________________!

Begründe deine Ergänzung: ____

____

3 *Ergänze die Regel: Mehr als drei Viertel aller Wörter mit lang gesprochenem **i*** ____________________

____.

4 *Fülle die Lücken mit **a, e, o** oder **u** und setze ein **h**, wo es nötig ist.*

der S___n, der V___gel, die B___n, das L___s, die F___ne, das H___ft, der M___nd,

die Schn___r, die Gef___r, die Sch___le, der R___t, die K___le, das K___mel, die S___ne

5 *Setze das lange **i** in der richtigen Schreibung ein!*

Christl Pfister

Das Krokod____l

Am D____nstag, früh gegen halb zehn, ich wollte gerade spaz____ren gehn, da h____lt vor d____sem großen Haus ein Möbelwagen. Wer st____g aus? Ein Krokod____l mit einem Klav____r; das zog in d____ Wohnung neben m____r. Verdutzt hab' ich es angegafft: Na dann, auf gute Nachbarschaft!

6 *Bilde aus den Wortsternen jeweils vier Nomen mit Vokalverdoppelung und zwei mit **h.***

____

____

7 *Werte deine Ergebnisse aus, indem du deine Antworten mit dem Lösungsheft abgleichst.*
Für jede richtige Antwort bekommst du einen Punkt.

45–35 Punkte
☺ *Gut gemacht!*

34–23 Punkte
😐 *Gar nicht schlecht. Schau dir den Merkkasten der Seiten 61 bis 67 noch einmal an.*

22–0 Punkte
☹ *Arbeite die Seiten 61 bis 67 noch einmal sorgfältig durch.*

Im Land der Klöße

In diesem Land gibt es außergewöhnlich große Klöße,
die die Großmutter regelmäßig legt auf dreißig Flöße.
Plötzlich kommt ein gefräßiger weißer Hund,
der will hineinbeißen mit seinem maßlosen Schlund.
Mutig läuft die Großmutter barfuß auf die Straß'
und gießt ihm süßen Rahm auf den Fuß ohne Maß.
Fleißig leckt der Hund die fließende Sahne,
er mag sie nicht – lieber hat er Banane.
Schließlich zieht er ohne freundlichen Gruß hinaus.
Die kluge Großmutter lacht mit viel Spaß ihn aus.

b) Trage alle unterstrichenen Wörter mit ***ß*** *aus dem Gedicht in die Tabelle ein.*
Unterscheide, ob das ***ß*** *auf einen langen Vokal oder auf einen Diphthong folgt.*

langer Vokal + ß		**Diphthong + ß**
Klöße		

- ☐ Bleibt der s-Laut auch in der Ableitung oder Verlängerung **stimmlos,** wird er mit ß geschrieben, z. B.: *„Fuß → Füße"; „heiß → heißer".*

2 *Bilde Ableitungen oder Verlängerungen zu den folgenden Wörtern, in denen das stimmhafte* **s** *zu hören ist. Trage dann die richtige s-Schreibung im vorgegebenen Wort ein.*

Häuser ______ → Hau_s_

______ → Hal___

______ → Auswei___

______ → Ga___

______ → Grei___

______ → Krei___

______ → Gra___

______ → die___

______ → Verlie___

______ → Fel___brocken

______ → Bla___kapelle

______ → Bo___heit

______ → Rö___chen

______ → Wei___heit

______ → Hö___chen

______ → Gla___kugel

______ → Blä___chen

______ → Mäu___chen

3 *Entscheide mit Hilfe von Ableitungen oder Verlängerungen, ob in den folgenden Wörtern* **ß** *oder einfaches* **s** *steht.*

Der Wind sau_s_te und brau___te ums Haus. .... sausen, ______

Wenn du mich grü___t, ist der Tag versü___t. .... ______

Welch Gegensatz: Das Auto ra___t, die Kuh gra___t. .... ______

Der Wasserfall flie___t und schie___t in die Tiefe. .... ______

Der Dichter prei___t, was Liebe hei___t. .... ______

Lie___t du oder dö___t du nur? .... ______

Wer lange rei___t, der spei___t auch gerne unterwegs. .... ______

Das Lokal schlie___t, der Gast genie___t den letzten Schluck Kaffee. .... ______

Ku______

me______en

fa______en

Spro______e

mü______en

5 *a) Markiere im folgenden Text die Wörter mit kurzem Vokal und* ***ss****. Findest du 18 Wörter?*

Der zweite Untergang der Titanic

Unfassbar, wie es zu diesem grässlichen Unfall, dem Untergang des riesigen Passagierschiffes „Titanic", mit mehr als 1 500 Toten kommen konnte. Einige Wissenschaftler vermuten den Grund für den Untergang in den riesigen Kohlelagern im Bauch der Titanic. Kohlevorräte sind unterwegs in Brand geraten – das wissen sie. So etwas passierte damals oft. Um den Brand zu bekämpfen, wurde die glühende Kohle in die Dampfkessel geschaufelt, was aber wiederum zur Erhöhung der Geschwindigkeit des Schiffes führte. Genau das passierte wahrscheinlich nach dem Abendessen am 14.4.1912. Ungebremst rammte die Titanic einen Eisberg und ging unter. Mit einer Unterwasserkamera können die Wissenschaftler die Reste des Schiffes erfassen. Sie kommen zu dem Schluss, dass eisenfressende Bakterien dem Wrack jeden Tag 45 Kilo Eisen entziehen. Dieser Prozess wird von der „Titanic" eines Tages kein bisschen mehr übriglassen.

b) Schreibe die unterstrichenen Wörter ab.

als damals aus was bis es herauskam was als es

Hallo, Taxi

_________ war das? _________ der Mann _________ dem Haus kam, schaute er sich um, _________ er fand, _________ er suchte. _______________, _________ er das erste Mal hier ___________________, war _________ schwierig gewesen, ein Taxi zu finden. Doch nun gab _________ einen brandneuen Taxistand, direkt vor dem Haus. Toll!

7 *Eine Herausforderung für echte Könner! Setze **ss** oder **ß** oder **s** in den folgenden Text ein.*

Ein verrückter Tag

Clara seufzt. Was für ein langweiliger Tag! Niemand da und nichts pa_____iert. Sie geht nach drau_____en, auf die Terra_____e, in den Garten. „Aus mir soll noch ein Spro_____ sprie_____en!", erklärt die Sonnenblume und reckt und streckt sich. „Ich mu_____ noch einen Gu_____ gie_____en!", sagt die Gie_____kanne und wirft einen strafenden Blick auf die glei_____ende Sonne. „Ich will noch einen Bi_____ bei_____en!", summt die We_____pe, fliegt aber, Gott sei Dank, in die andere Richtung. Clara macht das Gartentor auf und tritt auf die Stra_____e. „Ich mu_____ noch in den Flu_____ flie_____en!", murmelt das Bächlein und plätschert leise mit seinem Wa_____er weiter. „Ich werde jetzt das Zeitma_____ me_____en!", tönt die Kirchenuhr und schlägt die volle Stunde. Da vorne ist der Ei_____laden. „Willst du mich nicht mit Genu_____ genie_____en?", fragt das Eis verführerisch. „Endlich eine gute Idee!", denkt Clara. Sie i_____t ihr Eis und seufzt. Was für ein verrückter Tag! Gibt e_____ denn niemanden, der das Wi_____en wei_____, wie man au_____ diesen verrückten Dingen und ihrer verrückten Sprache einen Schlu_____ schlie_____en kann?

☐ der s-Laut in diesem Wort stimmhaft gesprochen wird.

☐ der Infinitiv des Verbs (= lö______en) einen ______________________________ s-Laut hat.

☐ der Vokal vor dem s-Laut lang gesprochen wird.

Die hier angewendete Probe heißt ____.

☐

2 *Setze den richtigen s-Laut ein.*

Gina Ruck-Pauquèt

Der Baum

Das Gefühl kam immer, wenn Sascha in der Badewanne **sa___.** Das **hei___t,** genau genommen kam es, wenn er sich aus dem warmen **Wa___er** erhob, und geheime Vorahnungen **lie___en** ihn erschauern. „Eines Tages“, verkündete er laut, „werde ich etwas **Gro___es** werden!“ Die Mutter lachte. „Einen Meter fünfundneunzig“, sagte sie. „Kann schon sein.“ „Doch nicht so!“, sagte Sascha. „Ich werde **gro___artige** Dinge tun.“ „Was denn zum Beispiel?“, fragte die Mutter. „Das ist es ja“, sagte Sascha, „ich **wei___** es noch nicht.“ [...] „Dein Sohn wird später **gro___artige** Dinge tun“, sagte die Mutter zu Saschas Vater. „Prima“, sagte der, „wie wäre es, wenn du gleich damit anfingest?“ „Wieso?“, fragte Sascha. „Ich **wei___** was“, sagte sein Vater da plötzlich. Sascha blickte ihn **mi___trauisch** an. „Du pflanzt einen Baum“, sagte der Vater. „Und dann?“, fragte Sascha ohne Begeisterung. „Du pflanzt ihn, **pa___t** auf ihn auf und der Baum wächst mit dir zusammen, Stück für Stück. Na?“

3 *Werte deine Ergebnisse aus, indem du deine Antworten mit dem Lösungsheft abgleichst. Für jede richtige Antwort bekommst du einen Punkt.*

14–10 Punkte	9–7 Punkte	6–0 Punkte
☺ *Gut gemacht!*	😐 *Gar nicht schlecht. Schau dir die Merkkästen der Seiten 69 bis 72 noch einmal an.*	☹ *Arbeite die Seiten 35 bis 44 noch einmal sorgfältig durch.*

1 *Für einen Artikel in der Jugendzeitschrift „geolino" tippt die Reporterin schnell ein paar Zeilen in ihren Laptop. Sie hat in ihrer Eile die Satzanfänge nicht berücksichtigt.*

a) Schreibe die folgenden Sätze ab und achte auf die Großschreibung am Satzanfang.

Ohne Schule keine Chance

dichtgedrängt, doch aufmerksam verfolgen diese Jungen und Mädchen den Unterricht. ihre Schule liegt in der Provinz Amhara in Äthiopien. die Schule ist so klein, dass die Kinder den Unterricht in zwei Schichten besuchen müssen.

b) Schreibe den Text mit Satzzeichen und richtiger Großschreibung am Satzanfang neu ab.

TIPP

Wenn du unsicher bist, wie du herausfinden kannst, wo ein Satz beginnt und wo er endet, schau dir die Seiten 36–44 noch einmal genau an.

auch dann müssen viele auf dem Boden sitzen dennoch sind sie glücklich, zur Schule gehen zu dürfen nur 40 Prozent der äthiopischen Kinder haben so viel Glück es gibt zwar eine allgemeine Schulpflicht, aber zu wenige Schulen Äthiopien ist ein sehr armes Land und nur etwa ein Drittel der Erwachsenen können lesen und schreiben die Kinder hoffen, dass Bildung ihnen hilft, dem Elend zu entkommen

2 *Schau dir das Bild genau an. Welche Gegenstände kannst du erkennen?*
a) Schreibe diese Nomen mit Artikel in die Tabelle.
b) Bilde den Plural.

Nomen mit Artikel im Singular	Nomen mit Artikel im Plural
der Vorhang	die Vorhänge

3 *Bilde aus den folgenden Wörtern durch Anhängen einer passenden Endung Nomen. Aus manchen Wörtern kannst du mehrere Nomen bilden. Setze den Artikel davor.*

verwenden · gesund · Mensch · eigen · König
gefangen · wagen · tarnen · tapfer · werben
~~ergeben~~ · zeichnen · Freund · brauchen · senden
lieben · Feind · eitel · kennen · heiter
verliebt · verwandt · einsam · finster · krank
umgeben · Graf · erringen · erleben

-tum	-keit	-nis
		das Ergebnis

-ung	-heit	-schaft

b) Schreibe sie heraus und ergänze jeweils den Artikel und ein Adjektiv.

die wichtige Adresse.

5 *Im folgenden Gedicht sind die Wortgrenzen verrutscht.*
Schreibe das Gedicht richtig ab und achte dabei auf die Groß- und Kleinschreibung.

Gottlieb Konrad Pfeffel

DerI Gel

Der Igel

Derlöw Esaßa Ufsein emthron vonkno Chen
un Dsannau fsklav Erei undtod.
EinI Gel Kami Hmin Denweg Gekro Chen.
„Ha! Wurm!“, Sobrüll tederde Spot.
Undhi elti hnzwisch Ensei nenk Lauen.
„Mitei Nemsch Luck verschli Ngich dich!“
DerI Gelsprach: „Verschli Ngenka nns tdum Ich.
Allein, Dukann stmichn ichtver Dauen.“

[illegible] __________ [illegible] __________. Sie werden

__________ geschrieben. Manchmal steht zwischen Artikel und Nomen ein __________.

Man erkennt Nomen, wenn man die __________ anwendet.

C Eine Reihe von Nomen erkennt man an den typischen Endungen:

__________, __________, __________, __________, __________, __________.

2 *Im folgenden Text sind Groß- und Kleinschreibung durcheinandergeraten.*
a) Umkreise die Satzanfänge.
b) Wende die Artikelprobe an und unterstreiche alle Nomen.
c) Unterstreiche die typischen Nomenendungen doppelt.
d) Berichtige die Nomen, indem du sie mit Artikel richtig auf die Linie darunter schreibst.

a) ☐
b) ☐
c) ☐
d) ☐

Ein Fußballspiel wie eine Sonnenfinsternis

ratlosigkeit in der nationalmannschaft! miserable leistung! das spiel endete mit

____

einer enttäuschung. das ziel, die rückeroberung der tabellenführung, wurde verfehlt. die deutsche natio-

____

nalmannschaft hatte arge schwierigkeiten. Es fehlte die laufbereitschaft. kein spieler wollte ein wagnis

____

eingehen. Die sportreporter zeigten wenig verständnis und stellten ein schlechtes zeugnis aus. den fußball-

____

spielern sei wohl ihr heldentum in den kopf gestiegen. eitelkeiten gehörten nicht auf den platz. Unter der

____

mannschaft selbst hatte sich sprachlosigkeit breitgemacht. nur einer meinte mit gespielter heiterkeit: „Das

____

spiel kam einer sonnenfinsternis gleich. Aber nach aller erfahrung geht die sonne auch wieder auf!“

____

3 *Werte deine Ergebnisse aus, indem du deine Antworten mit dem Lösungsheft abgleichst.*
Für jede richtige Antwort bekommst du einen Punkt.

97–73 Punkte
☺ *Gut gemacht!*

72–48 Punkte
😐 *Gar nicht schlecht. Schau dir den Merkkasten der Seiten 74 bis 77 noch einmal an.*

47–0 Punkte
☹ *Arbeite die Seiten 74 bis 77 noch einmal sorgfältig durch.*

Ob Pyramide Kathedrale Ritterburg oder Wolkenkratzer – David Macaulay sieht immer ganz genau hin. Der britische Autor Techniker und Zeichner will nicht nur wissen, wie eine Kuppel konstruiert ist eine Säule gemeißelt oder ein Innenhof gestaltet wird. Ihn interessiert genauso, aus welchem Grund ein Gebäude errichtet wurde wer es gebaut hat und wer dort gelebt hat. In seinem neuesten Buch entführt Macaulay seine Leser ins 16. Jahrhundert nach Konstantinopel, das heute Istanbul heißt. Ein reicher frommer Muslim stiftet eine Moschee. Als die aufwändigen zeitraubenden Arbeiten beendet sind, ist um den Bau herum ein ganzes Stadtviertel neu entstanden. Der Autor kümmert sich um die technischen Probleme handwerkliche Angelegenheiten und die künstlerische Gestaltung. Mit leichtem präzisem Federstrich hat Macaulay dazu Szenen von den Bauarbeiten Aufrisse und Pläne gezeichnet. Obwohl die Geschichte von dieser großen interessanten Moschee erfunden ist, stammen die Einzelheiten von wirklichen Bauwerken, die der Autor besucht bewundert und eingehend studiert hat. Seine Begeisterung steckt an – Kinder Jugendliche und Erwachsene gleichermaßen.

2 *Du findest auf einer einsamen Insel eine Schatztruhe.*
Zähle auf, was du darin findest. Denke an die Kommas bei der Aufzählung.

3 *Die Tiere staunen: Was für ein merkwürdiges Fabelwesen sitzt denn da im Baum?*

a) Sieh es dir ganz genau an. Dann erkennst du, aus welchen Tieren es sich zusammensetzt. Schreibe alle Tiere auf und denke an die Kommas.

b) Liste auch die übrigen Tiere auf, indem du sie mit mindestens zwei Adjektiven beschreibst.

der braune, stachelige Igel –

Laura hat einige Fragen zum Thema Umweltschutz, die sie mit ihren Eltern besprechen möchte.

1 *a) Unterstreiche die Redebegleitsätze im folgenden Text.*
b) Setze die Anführungszeichen.

Laura geht in die Küche, wo ihre Mutter sitzt und die Zeitung liest. Sie fragt nachdenklich In der Schule haben wir heute besprochen, dass die Wälder hier in Deutschland bald alle zerstört sein werden. Weißt du etwas darüber?

Die Mutter schaut auf und antwortet Wenn wir uns weiterhin nicht darum kümmern, dann könnte das geschehen.

Laura sagt bedrückt Außerdem hat die Lehrerin erzählt, dass die Luft immer schlechter werde. Kann das denn sein?

Der Vater kommt in die Küche. Er hat Lauras Frage gehört und antwortet ihr Ja, das stimmt schon. Es wurde lange Zeit nicht genug unternommen.

Laura ist erschrocken und bohrt weiter Was ist mit den Meeren?

Die Mutter zeigt auf einen Zeitungsartikel und erwidert Schau hier! Da ist zufällig ein Bericht über die Fischbestände. Die Menschen fischen zu viele junge Fische ab, diese werden nicht mehr groß genug, um selbst Nachkommen zu haben.

Laura wird langsam ärgerlich und ruft erregt Aber da muss man doch etwas tun! Kann ich denn etwas machen?

Die Eltern machen ihr Mut Du bist doch nicht allein! Frag deine Freundinnen und Freunde, ob ihr gemeinsam Ideen entwickeln könnt.

2 *a) Unterstreiche die Redebegleitsätze, schau dir den Merkkasten vorher noch einmal genau an.*
b) Setze die Anführungszeichen.

Später am Nachmittag hat sich Laura mit Sarah und Deniz verabredet. Es sprudelt nur so aus ihr heraus, als sie die beiden sieht. Ich habe heute mit meinen Eltern über die Umweltzerstörung geredet, die wir heute Morgen in Politik besprochen haben. Das bedrückt mich sehr. Habt ihr eine Idee, was wir Kinder dagegen tun können?

Ich habe mal gehört, sagt Deniz, dass zum Beispiel Haarshampoo nicht gut für das Wasser ist. Wir könnten umweltfreundliches Shampoo benutzen.

Meine Mutter fährt so oft wie möglich mit dem Fahrrad, wirft Sarah ein, denn Autofahren belastet wegen der Abgase die Luft und schädigt die Bäume.

Ein bisschen machen wir schon, fällt Laura ein, letz-

3 *Schreibe einen kurzen Dialog aus den Wortbeiträgen.*
Wähle passende Redebegleitsätze aus.

Vielleicht wäre es klug, wenn wir nicht ganz so oft Fischstäbchen essen würden.
Einmal Fisch in der Woche genügt.

Ich werde meine Mutter bitten, nur noch Hefte aus Recyclingpapier zu kaufen.
Dann muss man weniger Bäume abholzen.

Meine Jeans kann ruhig mal ein bisschen schmutzig sein.
Die Waschmaschine muss nicht ständig laufen.

Wir kaufen nur noch Getränke in Pfandflaschen.

Das ist toll! Wir haben so viele gute Ideen,
wie wir selbst die Umwelt schützen können.

Sarah ruft erfreut | Deniz überlegt | erklärt Laura | wirft Laura ein | merkt Deniz an sucht die Mülltonnen von Tankstellen und kriecht unter parkende Lastwagen. In einer Plastiktüte scheppert, was er aufgelesen hat. Zerbeulte Getränkedosen verschmierte Ölbüchsen leeres Insektenspray und benutzte Einkaufstaschen. Mit seinen geschickten und flinken Händen verwandelt er den Abfall in schönes Spielzeug Portmonees und Taschen, die er gut verkauft. Ohne seine Fertigkeiten müsste er sich auf den Straßen Dakars als Bettler Schuhputzer oder Bote durchschlagen.

3 A Die wörtliche Rede wird in ______________________________ eingeschlossen.

B „Thierno“, ruft sein Nachbar, „brauchst du noch ein paar Dosen?“

Dieser Redebegleitsatz ist ______________________________.

C Der einleitende Redebegleitsatz wird durch einen ______________________ von der wörtlichen Rede getrennt.

4 *Setze die fehlenden Satzzeichen und die Anführungszeichen richtig.*

Nina Kurre, neun Jahre, Köln

Bücherwurm

Eines Abends lag Olli im Bett und las sein hundertstes Buch. Seine Mutter meinte Wenn du so weiter liest, kommt bald der Bücherwurm Er fragte Stimmt das Ja, aber klar war die Antwort. Mitten in der Nacht wachte Olli auf und sah etwas auf seiner Bettdecke. Bist du der Bücherwurm fragte Olli vorsichtig von dem Mama erzählt hat Ja antwortete der Bücherwurm. Ich habe mich verlaufen. Eigentlich wollte ich in den Altpapier-Container: Papier fressen. Lecker! Ich dachte, du frisst Bücher fragte Olli. Ach was, die sollen die Kinder doch lesen antwortete der Bücherwurm kichernd. Olli atmete auf Stimmt auch!

5 *Werte deine Ergebnisse aus, indem du deine Antworten mit dem Lösungsheft abgleichst. Für jede richtige Antwort bekommst du einen Punkt.*

21–16 Punkte	15–11 Punkte	10–0 Punkte
☺ *Gut gemacht!*	😐 *Gar nicht schlecht. Schau dir den Merkkasten der Seiten 79 bis 82 noch einmal an.*	☹ *Arbeite die Seiten 79 bis 82 noch einmal sorgfältig durch.*

technik achten.

- ☐ **Aussprache:** Sprich deutlich.
- ☐ **Lesetempo:** Lies nicht zu schnell und nicht zu langsam. Setze gezielt Pausen ein.
- ☐ **Stimme:** Du kannst die Stimme heben (höher sprechen) oder senken (tiefer sprechen), lauter oder leiser werden. Lies z. B. einen Fragesatz auch als Frage vor (Stimme am Schluss heben).
- ☐ **Betonung:** Lies wichtige Wörter besonders bedeutungsvoll.

1 *a) Lies das folgende Gedicht laut.*

Josef Guggenmos

Begegnung

Fern im heißen Indien
schritt ein Tiger leis dahin.
Da kam ein Herr aus Degerloch,
der Tiger schritt viel leiser noch.

Tipp mit dem Finger aufs Buch ganz fein:
Tipp, tipp, es kann nicht leis genug sein!
Fast nicht zu hören: Tipp, Tipp – so still
kann ein Tiger gehen, so leis, wenn er will.

Jetzt poch mit der Faust auf den Tisch ganz schwer:
So stapfte der Mann durch die Gegend daher.
Poch, poch, der Mann aus Degerloch!
Was wird geschehen? Wir hören es noch.

Sie sahen sich an und nickten sich zu.
Man grüßt sich doch! Was dachtest du?
Dann schritten sie heiter weiter fort,
der eine nach da, der andre nach dort.

b) Markiere im Gedicht wie folgt:

Wo wäre eine Pause angebracht? |
Wo willst du die Stimme heben ↗? Achte auf die Fragesätze.
Bietet es sich an, an manchen Stellen leiser, an anderen lauter zu sprechen?
Welche [Wörter] findest du wichtig genug, um sie während des Lesens besonders zu betonen?
Tipp: Du kannst auch neben dem Gedicht etwas vermerken.

c) Lies das Gedicht erneut laut vor und achte dabei auf deine Markierungen.

Nach einigen Tagen kamen etliche Kinder in die Schule und konnten ihre Aufgaben nicht. | Der Lehrer behielt sie über Mittag da, ohne dass sie etwas zu essen hatten. | Unter den Kindern, die zur Strafe nachsitzen mussten, war auch das Kind der Eule.

3 *a) Bereite die Fortsetzung des Textes zum Vorlesen vor, indem du selbst Betonungs-, Ausdrucks- und Pausenzeichen setzt.*
b) Lies den gekennzeichneten Text insgesamt laut vor.

Sobald die Eule sah, dass am Mittag die Kinder aus der Schule kamen und ihres nicht dabei war, nahm sie ein wenig Brot und ging zur Schule, um es ihm zu bringen.

Als sie so ging, traf sie das Rebhuhn, dessen Kind auch nachsitzen musste, ohne zu essen. Auch das Rebhuhn wollte seinem Kind etwas Brot bringen. Da sagte das Rebhuhn zur Eule: „Dir alles Gute, Nachbarin. Ich habe viel zu tun, bitte nimm auch für mein Kind das Essen mit."

„Das mache ich gern, Nachbarin", sagte die Eule, „aber ich kenne dein Kind nicht."

„Oh", erwiderte das Rebhuhn, „was das anbetrifft, so kannst du es leicht finden. Mein Kind ist das schönste Kind der ganzen Schule."

Die Eule ging zur Schule. Sie bat den Lehrer um Erlaubnis, und er willigte ein, dass sie ihrem Kinde das Brot gab. Dann ersuchte sie den Lehrer darum, alle Kinder sehen zu dürfen. Sie besah alles gründlich, aber sie fand das Kind des Rebhuhns nicht. Sie kehrte um, traf das Rebhuhn und gab ihm das Brot zurück und sagte: „Was sollte ich tun? Ich habe eine Stunde lang nachgeschaut und habe dein Kind nicht gefunden, denn in der Schule war kein Kind schöner als meines."

TIPP

Um zu üben, kannst du einer Freundin, einem Freund oder deinen Eltern laut vorlesen. Wenn du das Gelesene auf einem Kassettenrecorder aufnimmst, kannst du deinen Vortrag anschließend kontrollieren.

ob du bereits etwas über das Thema weißt und was du gern mehr darüber wissen möchtest.

2. Schritt – **Fragen stellen:** Wer? – Was? – Wann? – Wo? – Wie? – Warum? –Welche Folgen? Nicht immer kannst du alle W-Fragen beantworten.

3. Schritt – **Erneut lesen** und **Schlüsselwörter unterstreichen:** Unterstreiche die für das Thema wichtigsten Wörter im Text. Schlage unklare oder unbekannte Wörter nach.

4. Schritt – **Zwischenüberschriften finden:** Unterteile den Text in Sinnabschnitte und finde zu jedem Abschnitt eine Überschrift, die den Abschnitt kurz zusammenfasst.
Tipp: In der Regel sind Sinnabschnitte bei gedruckten Texten als Absätze wiedergegeben.

5. Schritt – **Inhalte wiedergeben:** Die Zwischenüberschriften und die Schlüsselwörter helfen dir, den Inhalt eines Textes wiederzugeben.

1 *1. Schritt: a) Lies den folgenden Sachtext über Pinguine am Südpol einmal durch.*
b) Schreibe eine passende Überschrift auf, die wiedergibt, worum es in dem Text geht.

____

____

Schon im März 2000 brach in der Antarktis eine Eisinsel gewaltigen Ausmaßes vom Schelfeis ab und trieb im südlichen Polarmeer. Nachdem diese Insel sich mehrmals geteilt hatte, blieb im Frühjahr 2005 ein immer noch riesiger Rest, ein Eisberg von der Größe des Landes Luxemburg in einer großen Bucht mit Namen „McMurdo-Sund" hängen. Seither versperrt er ihren Eingang, und hinter ihm stauen sich ungeheure Eismassen in der Bucht auf, die sonst ins offene Meer treiben würden.

____

In dieser Gegend leben die Adeliepinguine. Sie haben jetzt ein echtes Problem: Normalerweise müssen sie nur wenige Kilometer von ihren Brutkolonien bis zu den Fischgründen zurücklegen. Nun sind sie aber gezwungen, rund 100 Kilometer weit über das Eis bis zum offenen Wasser zu laufen. Mit ihrem gedrungenen Körperbau und dem typischen Watschelgang ein überaus mühsames Unterfangen.

____

Der seltsame Gang und der feine Frack haben die Pinguine als solche zwar berühmt gemacht – die Fortbewegung zu Fuß ist entgegen der landläufigen Meinung aber nicht ihre größte Stärke. Leider ist die Luft noch viel weniger ihr Element, denn fliegen können die merkwürdigen Vögel nicht. Insofern ist der Umweg für das Überleben der Adeliepinguine bedrohlich. Während sie ihre Gelege allein lassen, fallen die Eier den Raubmöwen und Sturmvögeln zum Opfer.

Der Adeliepinguin ist eine von 17 verschiedenen Arten von Pinguinen. Sie kommen nur auf der Südhalbkugel unserer Erde vor. Pinguine leben in der Antarktis, aber auch an den Küsten Südamerikas, Südafrikas, Australiens und Neuseelands.

____

Ihr wahres Können zeigen Pinguine, wenn sie elegant ins Wasser gleiten. Hier sind sie wirklich zu Hause – sie verbringen die meiste Zeit ihres Lebens im Meer, immer auf der Jagd nach Fressbarem. Mit ihren flossenartigen Flügeln erreichen manche Pinguine kurzzeitig immerhin bis zu 25 Stundenkilometer Geschwindigkeit. Sogar schlafen können die Pinguine auf dem Wasser!
Die Vögel erbeuten unter Wasser jede Menge Krill, Tintenfische und unzählige Fische. Ihre Tauchgänge dauern je nach Art unterschiedlich lange. Kaiserpinguine, die größte der Pinguinarten, halten zum Beispiel 20 Minuten unter Wasser aus. Forscher fanden zudem heraus, dass sie sehr tief tauchen, etwa 500 Meter.

____

Hoffen wir für die Adeliepinguine, dass ihr Weg zum Meer bald wieder frei sein wird! Wenn einige der Jungen trotz der Gefahren erwachsen werden, dann kann die Art in dieser Region überleben.

Welche Folgen?

3 *3. Schritt:* *Lies den Text erneut.*
a) Unterstreiche unbekannte Wörter, schreibe sie auf und schlage die Bedeutung nach.

Antarktis = Kontinent am Südpol; Schelfeis = riesengroße Eisplatten; Polarmeer = Eismeer rund um den Pol;

b) Markiere die wichtigsten Wörter (Schlüsselwörter) im Text S. 86.

4 *4. Schritt:* *Ergänze dann passende Zwischenüberschriften:*
Finde eine eigene oder wähle aus den folgenden die jeweils passende aus.

Wie Pinguine leben | Stau im McMurdo-Sund | Gute Wünsche | Pinguine: Arten und Verbreitung | Gefahr für die Adeliepinguine

5 *5. Schritt:* *a) Gib den Inhalt des Textes wieder, indem du die folgenden Fragen beantwortest.*

Wie groß ist der Eisberg? ____

Wie viele Arten von Pinguinen gibt es? ____

Wie weit haben es die Adeliepinguine bis zum offenen Meer? ____

Was fressen Pinguine? ____

Wo kommen Pinguine auf der Erde vor? ____

b) Sind diese Aussagen richtig? Überprüfe am Text und kreuze an: richtig oder falsch?

Pinguine können schlecht fliegen. ☐ richtig ☐ falsch

Pinguine sind sehr gute Langstreckenläufer. ☐ richtig ☐ falsch

Pinguine verbringen die meiste Zeit ihres Lebens im Meer. ☐ richtig ☐ falsch

Adeliepinguine sind die größte Pinguinart. ☐ richtig ☐ falsch

z. B. als Foto:

z. B. als Grafik:

z. B. als Tabelle:

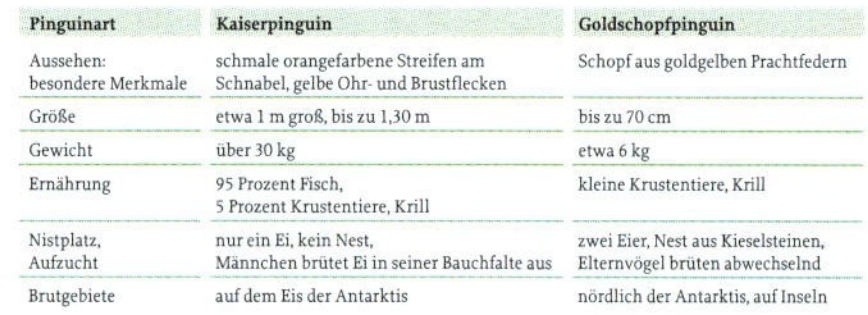

Pinguinart	Kaiserpinguin	Goldschopfpinguin
Aussehen: besondere Merkmale	schmale orangefarbene Streifen am Schnabel, gelbe Ohr- und Brustflecken	Schopf aus goldgelben Prachtfedern
Größe	etwa 1 m groß, bis zu 1,30 m	bis zu 70 cm
Gewicht	über 30 kg	etwa 6 kg
Ernährung	95 Prozent Fisch, 5 Prozent Krustentiere, Krill	kleine Krustentiere, Krill
Nistplatz, Aufzucht	nur ein Ei, kein Nest, Männchen brütet Ei in seiner Bauchfalte aus	zwei Eier, Nest aus Kieselsteinen, Elternvögel brüten abwechselnd
Brutgebiete	auf dem Eis der Antarktis	nördlich der Antarktis, auf Inseln

Pinguinart	Kaiserpinguin	Goldschopfpinguin
Aussehen: besondere Merkmale	orange und gelb an Schnabel, Ohren und Brust	Schopf aus goldgelben Prachtfedern
Größe	etwa 1 m groß, bis zu 1,30 m	bis zu 70 cm
Gewicht	über 30 kg	etwa 6 kg
Ernährung	95 Prozent Fisch, 5 Prozent Krustentiere, Krill	kleine Krustentiere, Krill
Nistplatz, Aufzucht	nur ein Ei, kein Nest, Männchen brütet Ei in seiner Bauchfalte aus	zwei Eier, Nest aus Kieselsteinen, Elternvögel brüten abwechselnd
Brutgebiete	auf dem Eis der Antarktis	nördlich der Antarktis, auf Inseln

6 *Beantworte die folgenden Fragen mit Hilfe der Tabelle.*

A Welche Pinguinart ist größer?

____

B Wie schützt der Kaiserpinguin sein Ei?

____

C Wovon ernährt sich der Kaiserpinguin hauptsächlich?

____

D Bei welcher Pinguinart brüten beide Eltern?

____

7 *Schreibe einen kurzen Text über die Unterschiede zwischen den beiden Pinguinarten.*

Es gibt einige Unterschiede: Der Kaiserpinguin

Pinguinart	
Aussehen, besondere Merkmale	
Größe	
Gewicht	
Ernährung	
Nistplatz, Aufzucht	
Brutgebiete	

9 *a) Lies den folgenden Text aufmerksam und markiere wichtige Wörter.*
b) Sieh dir die Grafik zum Text genau an. Beschrifte sie, die erforderlichen Angaben findest du im Text.

Immer warme Füße

Forscher haben sich gefragt, warum die Füße der im Eis lebenden Pinguine nicht erfrieren. Schließlich stehen die Tiere den ganzen Tag auf eiskaltem Boden, ohne dass die Füße durch ein Federkleid geschützt wären. Außerdem müssten Pinguine wegen ihrer hohen Körpertemperatur eigentlich im Eis versinken – was sie aber nicht tun.

Mittlerweile haben Biologen herausgefunden, dass Pinguine „lebende Thermoskannen“ sind. In der Leibesmitte befinden sich die Organe[1], isoliert[2] und gewärmt von Fett und Federn. Und was ist mit den Füßen? Nun, das Blut, das das Pinguinherz in die Füße pumpt, wird vorher in den Beinen abgekühlt, sodass keine Wärme verloren geht und die Füße immer Umgebungstemperatur[3] haben. Wenn das Blut eiskalt wieder in Richtung Herz fließt, wird es über viele Äderchen verteilt aufgeheizt und kommt im Herzen körperwarm wieder an. Wissenschaftler nennen dies das Gegenstromprinzip.

1 **Organe:** z. B. Herz, Leber, Nieren usw.
2 **isoliert:** wärmegedämmt
3 **Umgebungstemperatur:** innen so warm wie außen

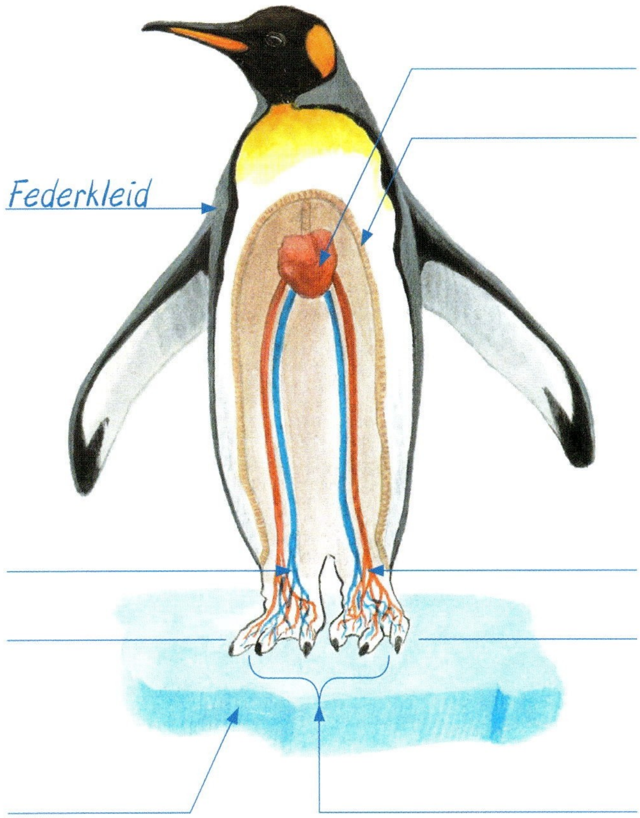

Was weiß ich? Was kann ich? Wo bin ich noch unsicher? Wo habe ich noch Lücken?
Du kannst mit dem Test prüfen,

- wie gut du Texte lesen und verstehen kannst (Aufgaben A),
- wie sicher du in der Grammatik bist (Aufgaben B),
- wie sicher du in der Rechtschreibung bist (Aufgabe C) und
- wie geschickt du Texte schreiben kannst (Aufgabe D).

Du kannst den Test am Ende des Schuljahres bearbeiten, wenn du wissen willst, was du im Fach Deutsch schon gelernt hast. Aber auch während des Schuljahres kannst du prüfen, in welchen Bereichen du noch besonders üben musst.
Plane vorher feste Zeiten ein, um die Aufgaben in Ruhe zu lösen. Du kannst dir z. B. vornehmen, die Aufgaben A und B in 45 Minuten zu schaffen oder die Aufgaben A, B und C in 60 Minuten.
Für die Aufgabe D solltest du dir ebenfalls eine Zeitstunde nehmen.
Lies die Aufgaben genau, arbeite ruhig und gründlich. Zum Schluss kannst du deine Lösungen mit Hilfe des Lösungsheftes selbst kontrollieren, deine Punktzahl berechnen und deine Fähigkeiten bewerten.
Dieser Test lässt sich auch in Partnerarbeit kontrollieren und auswerten.

Lies den folgenden Text sorgfältig und löse danach die Aufgaben 1 bis 7.

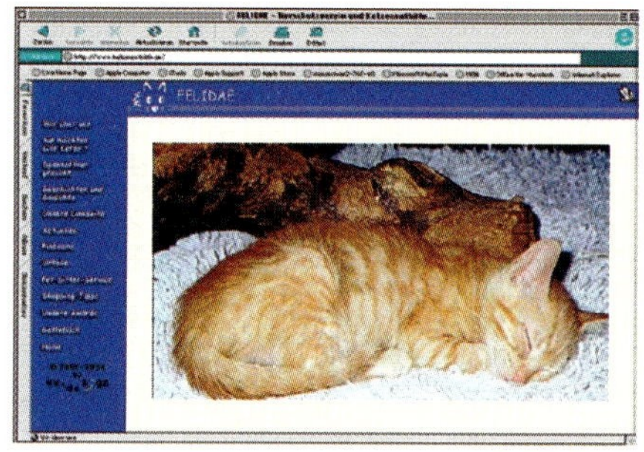

Katzennothilfe – wir über uns

Am 13. November 1999 trafen sich 13 Tierfreunde, um den Verein „FELIDAE-Tierschutzverein und Katzennothilfe“ [1] ins Leben zu rufen. Einige der Gründungsmitglieder waren teilweise schon vorher jahrelang ehrenamtlich und auch aktiv in anderen Vereinen tätig gewesen.
Wir führten viele intensive Gespräche, wie man vernachlässigten Tieren am besten helfen könne. Nach der Kontaktaufnahme mit anderen Tierschutzorganisationen reifte immer mehr der Entschluss: Wir gründen einen eigenen Tierschutzverein mit der Aufgabe „Katzennothilfe“!
Dann überschlugen sich die Ereignisse: Über das Internet erreichte uns Anfang Oktober 1999 ein Hilferuf einer jungen Dame aus Kassel, die von einer vernachlässigten Maine-Coon-Katzenzucht berichtete, die aufgelöst werden sollte. Die Katzen seien teilweise in sehr schlechtem gesundheitlichem Zustand und müssten dringend ein neues Zuhause finden. Das Schicksal dieser Katzen beschleunigte dann die Gründung von „FELIDAE-Tierschutzverein und Katzennothilfe“.
Die „Katzennothilfe“ möchte aber nicht nur Katzen in solchen Notlagen helfen, sondern der Verein setzt sich für ein Ende der sinnlosen Vermehrung von Katzen ein. Er organisiert deshalb auch Aktionen zur Kastration [2] der so genannten „Wildlinge“, um dem Katzenelend entgegenzuwirken.
Die artgerechte Haltung von Katzen und ganz besonders auch die polizeiliche Verfolgung von Verstößen gegen Tierschutzgesetze empfinden wir als sehr wichtig. Wir wollen daher versuchen, die Menschen auf diese Themen aufmerksam zu machen. Wir betrachten Tierschutz als einen Teil des Umweltschutzes.
Ausgesetzte, misshandelte oder auch vernachlässigte Katzen werden zurzeit nur in privaten Pflegestellen aufgenommen. Dort finden die Tiere Hilfe, Unterkunft, Verpflegung und vor allen Dingen persönliche menschliche Fürsorge. Wenn es nötig ist, werden die Katzen durch Fachtierärzte versorgt.
Durch die Vermittlung von Katzen an Tierfreunde wird jedoch nur ein Bruchteil der hohen Kosten gedeckt. Den Rest muss die „Katzennothilfe“ selbst aufbringen, denn eine finanzielle Unterstützung durch die Behörden gibt es nicht. Wir sind daher auf Ihre Hilfe dringend angewiesen. Der Mindestbeitrag für die Mitgliedschaft beträgt derzeit 30,00 € pro Person im Jahr.
Unser Traum ist es, irgendwann einmal ein schönes, großes und freundliches Katzenhaus mit Garten und Freigehege zu besitzen. Wir möchten möglichst vielen dieser liebenswerten Geschöpfe ein geschütztes Zuhause geben. Falls Sie unsere Arbeit unterstützen möchten, können Sie hier eine Datei mit einem Mitgliedsantrag herunterladen. Wir freuen uns nicht nur über jede Spende, sondern auch über jedes neue Mitglied.
Sollten Sie weitergehende Fragen haben, schreiben Sie bitte an: info@katzennothilfe.de.

1 **Felidae:** von lat. *Katze* 2 **Kastration:** Entfernung v. Hoden/Eierstöcken

2 *Der Text hat acht Abschnitte. Nummeriere sie und ordne die Nummern den Überschriften richtig zu.*

- ☐ Wie die Katzen gepflegt und betreut werden
- ☐ Eine vernachlässigte Katzenzucht wird bekannt
- ☐ So kann unser Traum wahr werden
- ☐ Wie die Vereinsgründung vorbereitet wurde
- ☐ Welche Ziele der Verein verfolgt
- ☐ Wer den Verein gegründet hat
- ☐ Wie der Verein seine Kosten deckt
- ☐ Wir verstehen Tierschutz als Umweltschutz

3 *Welche Absicht verfolgen die Verfasser des Textes vor allem? Kreuze die richtige Antwort an.*

- ☐ A Sie möchten über die Zucht von Maine-Coon-Katzen informieren.
- ☐ B Sie möchten ihren Verein vorstellen und neue Mitglieder werben.
- ☐ C Sie möchten Pflegestellen für die Maine-Coon-Katzen finden.
- ☐ D Sie möchten über die richtige Haltung von Katzen informieren.

4 *Wofür setzt sich der Verein „Katzennothilfe" nicht ein? Kreuze die richtige Antwort an.*

- ☐ A die sinnlose Vermehrung der Katzen zu beenden
- ☐ B Katzen in besonderen Notlagen zu helfen
- ☐ C Not leidende Katzen nach der Pflege an die Besitzer zurückzugeben
- ☐ D wild aufwachsende Katzen zu kastrieren

5 *Gab es bei der Gründung des Vereins „Katzennothilfe" Mitglieder, die in der Vereinsarbeit erfahren waren?*

☐ ja ☐ nein

6 *Wo werden zurzeit Not leidende Katzen aufgenommen?*

☐ in privaten Pflegestellen ☐ in Tierheimen ☐ in Tierarztpraxen

7 *Die Redewendung „… ins Leben zu rufen" (▷ Z. 3) bedeutet:*

- ☐ A Der Verein wird häufig angerufen.
- ☐ B Der Verein wird gegründet.
- ☐ C Der Verein bekommt einen Namen.
- ☐ D Im Verein geht es lebendig zu.
- ☐ E Der Verein wendet sich an die Öffentlichkeit.

~~finden~~ leben vermehren nennen schleichen lassen

Die „Wildlinge“

Wir fanden ______ nachts frei lebende Katzen überall in unserem Urlaubsort. Leise ______ sie nachts durch Kleingartenanlagen, über Hinterhöfe, Friedhöfe, Lager- und Fabrikgelände, stets auf der Suche nach Futter. Sie ______ sich in Hinterhöfen, Abbruchhäusern, Gartenlauben, Kellern und auf Dachböden. Manche Tierschützer ______ sie „Wildlinge“: wild geborene und ohne direkten Menschenkontakt aufgewachsene Katzen (nicht zu verwechseln mit ausgesetzten Hauskatzen!). Sie ______ zwar in der von Menschen gestalteten Umgebung, ______ sich aber nicht anfassen oder gar in die Wohnung locken.

9 *Setze in dem Text über das Kätzchen Susi die folgenden Nomen oder Wortgruppen mit Nomen grammatisch richtig ein. Bestimme den Kasus (Fall) und schreibe ihn in die Klammer.*

~~vier Menschen~~ närrisches Treiben das Mädchen der Bauer ihre Freundin ein Mensch die Scheunenwand der Fußtritt der Hof die Kinder

Das Kätzchen Susi

Ein Auto hielt auf dem Hof. Heraus stiegen vier Menschen (Nominativ), zwei Erwachsene und zwei Kinder. Die Familie holte wie jedes Jahr ihre Weihnachtsgans bei ______ (______) ab. Während die Eltern in der Stube mit dem Bauern redeten, liefen die Kinder über ______ (______) und schauten sich die Tiere an. Nancy, die Jüngste, schlüpfte durch das angelehnte Scheunentor und Thorsten folgte ihr. Während ______ (______) sich mit Heu bewarfen, saß Susi ganz still auf einem Balken und schaute dem ______ (______) zu. So etwas hatte sie noch nicht gesehen, denn Kinder gab es auf dem Hof nicht.

wusste und Reißaus nahm. Zum Glück kannte sie die Löcher in ____________________

(____________________). Sie schlüpfte durch eines hindurch und brachte sich in Sicherheit.

10 *Bestimme die Wortart der unterstrichenen Wörter. Trage die dazugehörige Nummer in die Tabelle ein.*

Nancy aber rannte aufgeregt zu ihren Eltern und erzählte von der (1) tollen Katze (2), die sie entdeckt hatte. „Bitte, Mami, ich (3) möchte diese kleine (4) Katze haben, bitte, bitte", bettelte (5) sie. Die Eltern schauten sich an. „Aber Nancy-Schatz, du (6) weißt doch, wir (7) werden uns keine Haustiere (8) anschaffen. Die machen doch nur Dreck." „Aber eine Katze doch nicht, Mami!", widersprach ihr Nancy und erzählte (9) von ihrer Freundin, die ja auch eine (10) Katze habe.
Doch die Eltern blieben hart (11) und sagten Nein und machten sich auf die Heimfahrt (12). Im Auto war Nancy ganz still (13) und traurig. Selbst die Neckereien (14) ihres Bruders ließ sie ohne Widerstand über sich ergehen. Sie wollte diese süße (15) Katze! Schließlich fing sie an zu weinen. Die (16) Eltern trösteten (17) sie und erklärten ihr nochmals, dass ein (18) Kätzchen nicht in das (19) Haus käme. Nancy quengelte (20) jedoch weiter und ließ sich nicht trösten.

Wortart	Nummern	Wortart	Nummern
Nomen	____________	Verb	____________
bestimmter Artikel	____________	unbestimmter Artikel	____________
Adjektiv	____________	Pronomen	____________

11 *Setze die fehlenden Adjektivformen ein.*

a) schön ____________ schöner ____________ am schönsten ____________

b) ____________ ____________ am wildesten ____________

c) ____________ besser ____________ ____________

d) niedlich ____________ ____________ ____________

e) viel ____________ ____________ ____________

ORANGE

(geb. ca. 2001) kahm Mitte August zusammen mit vier jungen zu uns. ORANGE ist eine ruige und sehr angeneme Katze, verträgt sich mit Art genossen, ist verschmusst und zutraulich Menschen gegenüber. Eine rundherum „tolle" Katze also, auch gut geeiknet für „Katzenanfänger". ORANGE ist entwurmt, wurde kastriert und geimft gegen Katzenseuche und Katzenschnuppen. Ihr neues zu hause sollte wenigstens einen ab gesicherten Ballkon haben, auch freilauf in verkehrsberuhigtem Wohngebit ist möglich. Vermitlung nur im Rhein-Main-Gebiet.

D Eine Geschichte schreiben

13 *Die folgenden Übungen helfen dir, zu den Bildern eine Geschichte zu schreiben:*

- Wie wirken die Wohnung und das Haus des Mannes? Umkreise passende Adjektive blau. Wie wirkt das Zuhause der Kinder (Bild 6)? Umkreise die Adjektive grün.

dunkel frisch warm grau schmutzig farbenfroh
fleckig staubig hellgrün sauber gemütlich kahl

Schreibe zu jedem Adjektiv ein passendes Nomen:

schmutzige Wände, ______________________________

____

____

____

Wut *Sorge* *Erleichterung* *Ärger* *Mitleid* *Misstrauen* *Abneigung*

Angst *Ekel* *Schrecken* *Aufregung* *Zufriedenheit* *Scham*

☐ Was sagt das Mädchen, um den Mann abzulenken? Wie reagiert er darauf? (Bild 3)
Schreibe das Gespräch mit wörtlicher Rede. Achte auf die richtige Zeichensetzung:

☐ Was fühlen die Kinder, als sie mit der Katze fortlaufen? Umkreise oben passende Ausdrücke gelb.

☐ Schreibe die Gedanken des Jungen mit der Katze auf dem Arm als Selbstgespräch, z. B.: *„Hoffentlich …“*

☐ Mit wem telefonieren die Kinder wohl auf dem Bild 5?
Schreibe das Gespräch auf. Lass auch die/den Angerufene/n sprechen. Achte auf die richtige Zeichensetzung:

☐ Was passiert zwischen Bild 5 und Bild 6 mit dem Mann, den Kindern und der Katze?

☐ Schreibe einen passenden Satz für den Schluss der Geschichte:

Schreibe nun die ganze Geschichte in dein Heft. Arbeite deine Vorarbeiten auf dieser Seite ein.
Gliedere deine Geschichte in Einleitung, Hauptteil, Schluss. Finde eine Überschrift.
Anleitung zur Auswertung deines Lernstandstests findest du im Lösungsheft auf Seite 18.

[illegible] Beltz & Gelberg, Weinheim & Basel 1974, S. 7; **S. 34:** Jacobbson, Anders und Sören Olsson: Hallo, Tagebuch! Aus: Berts hemmungslose Katastrophen. Oetinger, Hamburg 1995, S. 43; **S. 40:** BUND Jugend, Kiel (Hg.): Quallen. Aus: Das Nordsee-Kinderheft, S. 21; Thielmann, Helge: Wer bin ich? Aus: Der Strandläufer. Nordseeküste Beobachtungsheft. Verband dt. Schullandheime e.V., Hamburg 1994, S. 1; **S. 42:** Gerndt, Helge: Der Klabautermann. Aus: Fliegender Holländer und Klabautermann. Göttingen 1971; **S. 50:** Lexikoneintrag. Aus: Pleticha, Heinrich und Hans Peter Thiel (Hg.): Von Wort zu Wort. Cornelsen Verlag, Berlin 2001, S. 409; **S. 55:** Ferkel zu tauschen. In: GEOlino 6 / 2005; **S. 55:** Defoe, Daniel: Robinson Crusoe, der Schiffbrüchige 1. Aus: Robinson Crusoe. Bearbeitet von Käthe Recheis. Cecilie Dressler Verlag, Hamburg 1998, S. 59; **S. 56:** Defoe, Daniel: Robinson Crusoe, S. 59; **S. 57:** Viele Kinder, viel Appetit! In: GEOlino 6 / 2005; **S. 57:** Defoe, Daniel: Robinson Crusoe, S. 114; **S. 58:** Straßenkinder in der Backstube. In: GEOlino 2 / 2005; **S. 60:** Schweiggert, Alfons: Was ein Igel alles frisst. Aus: Kindergedichte rund ums Jahr. Falken Verlag, Niedernhausen 1989; **S. 64:** Guggenmos, Josef: Wenn Riesen niesen. Aus: H.-J. Gelberg (Hg.): Das achte Weltwunder. 5. Jahrbuch der Kinderliteratur. Beltz & Gelberg, Weinheim & Basel 1981; **S. 68:** Pfister, Christl: Das Krokodil. Aus: Weißt du, was Riesenechsen fressen? Rowohlt Verlag, Reinbek 1987; **S. 71:** Der zweite Untergang der Titanic. In: National Geographic World Juli/August 2005, S. 10f.; **S. 73:** Ruck-Pauquèt, Gina: Der Baum. Aus: Wunderwelt – Lesewerk für die Grundschule. Schwann Verlag, Düsseldorf; **S. 77:** Pfeffel, Gottlieb Konrad: Der Igel. Aus: Skorpion und Hirtenknabe. Maximilian Dietrich Verlag, Memmingen 1970, S. 28/29; **S. 79:** Sie bauten eine Moschee. In: GEOlino März 2005, S. 62; **S. 83:** Der Blechkünstler von Dakar. In: GEOlino März 2005; Bücherwurm. Aus: Kölner Stadt-Anzeiger 28./29. Mai 2005; **S. 84:** Guggenmos, Josef: Begegnung. Aus: Hans-Joachim Gelberg (Hg.): Überall und neben dir. Gedichte für Kinder. Beltz & Gelberg, Weinheim & Basel 1986, S. 53; **S. 85:** Die Eule und das Rebhuhn. Aus: Uther, Hans-Jörg (Hg.): Die schönsten Sagen aus aller Welt. Heinrich Hugendubel Verlag, Kreuzlingen/München 2001, S. 110/111; **S. 86:** Schon im März ... Aus: HörZu 15, 08. 04. 2005, S. 29–31; **S. 89:** Immer warme Füße. Aus: GEOlino 1 / 2002; **S. 90:** Katzennothilfe – wir über uns. Auf: www.katzennothilfe.de (Stand 04. 02. 2004, verändert)

Bildquellenverzeichnis

S. 8: Cover Peter Härtling: Ben liebt Anna ©Beltz & Gelberg in der Verlagsgruppe Beltz, Weinheim & Basel; **S. 14:** Charles M. Schulz: Peanuts ©United Features Syndicate Inc./distr. Kipkakomiks.de; **S. 16:** picture-alliance/KPA/Grebler; **S. 20:** Jean Craighead George: Julie von den Wölfen. © für die Umschlagillustration von Karen Holländer: 2005 Deutscher Taschenbuch Verlag, München; **S. 21:** links: Sabine Kaehne, Berlin, Mitte und rechts: Corel Bilddatenbank; **S. 22, 86, 88:** Corel Bilddatenbank; **S. 32:** Wahrig Deutsches Wörterbuch ©Wissen Media Verlag, Gütersloh/München 2006; **S. 36, 40, 41, 56, 58:** picture-alliance/dpa; **S. 48:** Wahrig Deutsches Wörterbuch ©Wissen Media Verlag, Gütersloh/München 2006; Cover von: Von Wort zu Wort. ©Cornelsen Verlag, Berlin 2005; Cover Schülerduden Rechtschreibung und Wortkunde ©Bibliographisches Institut & F.A. Brockhaus AG, Mannheim 2006; **S. 55:** Cover Daniel Defoe: Robinson Crusoe ©Cecilie Dressler Verlag, Hamburg; **S. 63, 89:** picture-alliance/OKAPIA KG, Germany; **S. 74:** picture-alliance/ZB; **S. 79:** Cover David Macaulay: Sie bauten eine Moschee ©2003 David Macaulay, ©der deutschen Ausgabe 2004 Gerstenberg Verlag, Hildesheim; **S. 90:** www.katzennothilfe.de

Impressum

Redaktion: lüra – Klemt & Mues GbR, Wuppertal

Illustrationen: Thomas Binder, Magdeburg (S. 3–7, 62), Maja Bohn, Berlin (S. 9–13, 35, 42–45, 54, 60, 61, 94), Sylvia Graupner, Annaberg (S. 24–28), Sabine Lochmann, Frankfurt/M. (S. 15, 30–33), Ron Meier, Bonn (S. 88, 89), Christiane Pieper, Wuppertal (S. 23, 46–49, 51, 80, 92), Friederike Rave, Wuppertal (S. 57, 59, 67, 68, 82–85), Barbara Schumann, Schöneiche (S. 50, 64, 70, 71), Bernhard Skopnik, Kassel (S. 53, 65), Dorina Teßmann, Berlin (S. 17–19, 69, 72, 75, 77, 79)
Umschlaggestaltung: Katharina Wolff (Foto: Peter Wirtz, Illustration: Barbara Schumann)
Layoutkonzept: Katharina Wolff
Technische Umsetzung: Katrin Tengler

www.cornelsen.de

1. Auflage, 1. Druck 2006/06

Druck: Parzeller Druck- und Mediendienstleistungen, Fulda

Ausgabe ohne CD	Ausgabe mit Übungs-CD
ISBN-13: 978-3-06-060802-7	ISBN-13: 978-3-06-060958-1
ISBN-10: 3-06-060802-4	ISBN-10: 3-06-060958-6

Inhalt gedruckt auf säurefreiem Papier aus nachhaltiger Forstwirtschaft.

Einkaufstaschen. Mit seinen geschickten und flinken Hän-den verwandelt er den Abfall in schönes Spielzeug, Portmonees und Taschen, die er gut verkauft. Ohne seine Fertigkeiten müsste er sich auf den Straßen Dakars als Bettler, Schuhputzer oder Bote durchschlagen.

3 A Die wörtliche Rede wird in *Anführungszeichen* eingeschlossen. [3]

B Dieser Redebegleitsatz ist *eingeschoben*.

C Der einleitende Redebegleitsatz wird durch einen *Doppelpunkt* von der wörtlichen Rede getrennt.

4 Bücherwurm [9]

Eines Abends lag Olli im Bett und las sein hundertstes Buch. Seine Mutter meinte: „Wenn du so weiter liest, kommt bald der Bücherwurm." Er fragte: „Stimmt das?" „Ja, aber klar," war die Antwort. Mitten in der Nacht wachte Olli auf und sah etwas auf seiner Bettdecke. „Bist du der Bücherwurm", fragte Olli vorsichtig, „von dem Mama erzählt hat?" „Ja", antwortete der Bücherwurm. „Ich habe mich verlaufen. Eigentlich wollte ich in den Altpapier-Container: Papier fressen. Lecker!" „Ich dachte, du frisst Bücher?", fragte Olli. „Ach was, die sollen die Kinder doch lesen", antwortete der Bücherwurm kichernd. Olli atmete auf: „Stimmt auch!"

(für jeden vollständig richtigen Satz mit Anführungszeichen kannst du dir 1 Punkt anrechnen)

[21 erreichbare Punkte]

|

Jetzt poch mit der Faust auf den Tisch ganz schwer:
So stapfte der Mann durch die Gegend daher.
Poch, poch, der Mann aus Degerloch!
Was wird geschehen? Wir hören es noch.

|

Sie sahen sich an und nickten sich zu. |
Man grüßt sich doch! Was dachtest du?
Dann schritten sie heiter weiter fort,
der eine nach da, der andre nach dort.

Bei den unterstrichenen Satzteilen kannst du lauter sprechen, bei den gepunktet unterstrichenen Satzteilen kannst du leiser sprechen.

Seite 85

3 a) *Beispiel:*

Sobald die Eule sah, dass am Mittag die Kinder aus der Schule kamen und ihres nicht dabei war, nahm sie ein wenig Brot und ging zur Schule, um es ihm zu bringen. |
Als sie so ging, traf sie das Rebhuhn, dessen Kind auch nachsitzen musste, ohne zu essen. Auch das Rebhuhn wollte seinem Kind etwas Brot bringen. | Da sagte das Rebhuhn zur Eule: „Dir alles Gute, Nachbarin. Ich habe viel zu tun, bitte nimm auch für mein Kind das Essen mit." |
„Das mache ich gern, Nachbarin", sagte die Eule, „aber ich kenne dein Kind nicht." |
„Oh", erwiderte das Rebhuhn, „was das anbetrifft, so kannst du es leicht finden. Mein Kind ist das schönste Kind der ganzen Schule." |
Die Eule ging zur Schule. Sie bat den Lehrer um Erlaubnis, und er willigte ein, dass sie ihrem Kinde das Brot gab. Dann ersuchte sie den Lehrer darum, alle Kinder sehen zu dürfen. Sie besah alles gründlich, aber sie fand das Kind des Rebhuhns nicht. | Sie kehrte um, traf das Rebhuhn und gab ihm das Brot zurück und sagte: „Was sollte ich tun? Ich habe eine Stunde lang nachgeschaut und habe dein Kind nicht gefunden, denn in der Schule war kein Kind schöner als meines."

Seite 86

1 b) Gefahr für die Adeliepinguine in der Antarktis

	schnitten.
Wann?	seit dem Frühjahr 2005
Wo?	Bucht im südlichen Polarmeer namens „Mc-Murdo-Sund“
Wie?	ein Eisberg versperrt den Eingang der Bucht
Warum?	im März 2000 brach eine Eisinsel vom Schelfeis ab
Welche Folgen?	Pinguine müssen Gelege allein lassen, Eier fallen Raubmöwen und Sturmvögeln zum Opfer, das Überleben der Adeliepinguine in dieser Region ist bedroht

3 b) + 4

Stau im McMurdo-Sund
Schon im März 2000 brach in der Antarktis eine Eisinsel gewaltigen Ausmaßes vom Schelfeis ab und trieb im südlichen Polarmeer. Nachdem diese Insel sich mehrmals geteilt hatte, blieb im Frühjahr 2005 ein immer noch riesiger Rest, ein Eisberg von der Größe des Landes Luxemburg in einer großen Bucht mit Namen „McMurdo-Sund“ hängen. Seither versperrt er ihren Eingang, und hinter ihm stauen sich ungeheure Eismassen in der Bucht auf, die sonst ins offene Meer treiben würden. |

Gefahr für die Adeliepinguine
In dieser Gegend leben die Adeliepinguine. Sie haben jetzt ein echtes Problem: Normalerweise müssen sie nur wenige Kilometer von ihren Brutkolonien bis zu den Fischgründen zurücklegen. Nun sind sie aber gezwungen, rund 100 Kilometer weit über das Eis bis zum offenen Wasser zu laufen. Mit ihrem gedrungenen Körperbau und dem typischen Watschelgang ein überaus mühsames Unterfangen.

Pinguine: Arten und Verbreitung
Der seltsame Gang und der feine Frack haben die Pinguine als solche zwar berühmt gemacht – die Fortbewegung zu Fuß ist entgegen der landläufigen Meinung aber nicht ihre größte Stärke. Leider ist die Luft noch viel weniger ihr Element, denn fliegen können die merkwürdigen Vögel nicht. Insofern ist der Umweg für das Überleben der Adeliepinguine bedrohlich. Während sie ihre Gelege allein lassen, fallen die Eier den Raubmöwen und Sturmvögeln zum Opfer. |
Der Adeliepinguin ist eine von 17 verschiedenen Arten von Pinguinen. Sie kommen nur auf der Südhalbkugel unserer Erde vor. Pinguine leben in der Antarktis, aber auch an den Küsten Südamerikas, Südafrikas, Australiens und Neuseelands. |

Wie Pinguine leben
Ihr wahres Können zeigen Pinguine, wenn sie elegant ins Wasser gleiten. Hier sind sie wirklich zu Hause – sie verbringen die meiste Zeit ihres Lebens im Meer, immer auf der Jagd nach Fressbarem. Mit ihren flossenartigen Flügeln erreichen manche Pinguine kurzzeitig immerhin bis zu 25 Stundenkilometer Geschwindigkeit. Sogar schlafen können die Pinguine auf dem Wasser!
Die Vögel erbeuten unter Wasser jede Menge Krill, Tintenfische und unzählige Fische. Ihre Tauchgänge dauern je nach Art unterschiedlich lange. Kaiserpinguine, die größte der Pinguinarten, halten zum Beispiel 20 Minuten unter Wasser aus. Forscher fanden zudem heraus, dass sie sehr tief tauchen, etwa 500 Meter. |

Gute Wünsche
Hoffen wir für die Adeliepinguine, dass ihr Weg zum Meer bald wieder frei sein wird! Wenn einige der Jungen trotz der Gefahren erwachsen werden, dann kann die Art in dieser Region überleben.

Die Schlüsselwörter sind grau markiert.

gibt es?	
Wie weit haben es die Adeliepinguine bis zum offenen Meer?	Sie haben es über 100 Kilometer weit.
Was fressen Pinguine?	Sie fressen Krill, Tintenfische und Fische.
Wo kommen Pinguine auf der Erde vor?	Pinguine kommen nur auf der Südhalbkugel der Erde vor, in der Antarktis und an den Küsten von Südamerika, Südafrika, Australien und Neuseeland.

b)

Pinguine können schlecht fliegen.	☐ richtig	☒ falsch
Pinguine sind sehr gute Langstreckenläufer.	☐ richtig	☒ falsch
Pinguine verbringen die meiste Zeit ihres Lebens im Meer.	☒ richtig	☐ falsch
Adeliepinguine sind die größte Pinguinart.	☐ richtig	☒ falsch

Seite 88

6 A Der Kaiserpinguin ist größer.

B Er behält es in seiner Bauchfalte.

C Er ernährt sich von Fisch.

D Beim Goldschopfpinguin brüten beide Eltern.

7 *Beispiel:*
Der Kaiserpinguin ist an Schnabel, Ohren und Brust orange und gelb gezeichnet, der Goldschopfpinguin hat goldgelbe Prachtfedern. Der Kaiserpinguin ist viel größer als der Goldschopfpinguin. Der Goldschopfpinguin ernährt sich von kleinen Krustentieren und Krill, der Kaiserpinguin von Fisch. Kaiserpinguine bauen kein Nest und legen nur ein Ei, das vom Männchen in seiner Bauchfalte ausgebrütet wird. Goldschopfpinguine bauen ein Nest aus Kieselsteinen, legen zwei Eier und die Elternvögel wechseln sich beim Brüten ab. Goldschopfpinguine brüten auf Inseln nördlich der Antarktis, die Kaiserpinguine in der Antarktis.

	vogel brüten abwechselnd, Brutzeit etwa 40 Tage
Brutgebiete	am Strand von Südafrika

9

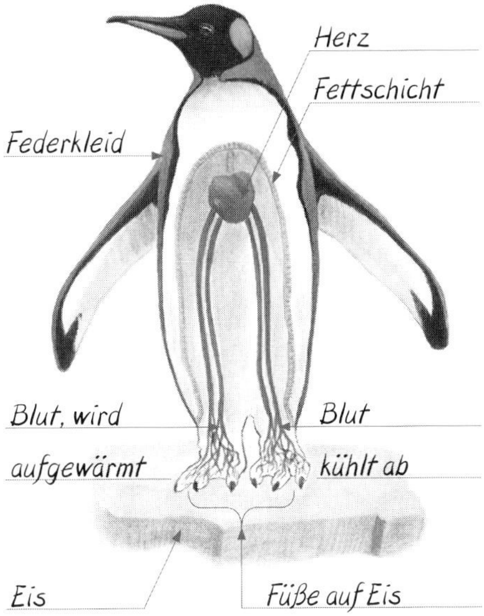

Seite 91 – TESTE DICH!

1 C Informationen über den Verein „Katzennothilfe" — 1

2 — 8
6 Wie die Katzen gepflegt und betreut werden
3 Eine vernachlässigte Katzenzucht wird bekannt
8 So kann unser Traum wahr werden
2 Wie die Vereinsgründung vorbereitet wurde
4 Welche Ziele der Verein verfolgt
1 Wer den Verein gegründet hat
7 Wie der Verein seine Kosten deckt
5 Wir verstehen Tierschutz als Umweltschutz

3 B Sie möchten ihren Verein vorstellen und neue Mitglieder werben. — 1

4 C Not leidende Katzen nach der Pflege an die Besitzer zurückzugeben — 1

5 ja — 1

6 in privaten Pflegestellen — 1

7 B Der Verein wird gegründet. — 1

9 — 9
dem Bauern (Dativ)
den Hof (Akkusativ)
die Kinder (Nominativ)
närrischen Treiben (Dativ)
des Mädchens (Genitiv)
ihrer Freundin (Genitiv)
den Fußtritt (Akkusativ)
einem Menschen (Dativ)
der Scheunenwand (Dativ)

Seite 93

10 — 20

Nomen: 2, 8, 12, 14	Verb: 5, 9, 17, 20
bestimmter Artikel: 1, 16, 19	unbestimmter Artikel: 10, 18
Adjektive: 4, 11, 13, 15	Pronomen: 3, 6, 7

11 — 8
b) wild, wilder, am wildesten
c) gut, besser, am besten
d) niedlich, niedlicher, am niedlichsten
e) viel, mehr, am meisten

Seite 94

12 — 15

ORANGE
(geb. ca. 2001) kahm Mitte August zusammen mit vier jungen zu uns. ORANGE ist eine ruige und sehr angeneme Katze, verträgt sich mit Art genossen, ist verschmusst und zutraulich Menschen gegenüber. Eine rundherum „tolle" Katze also, auch gut geeiknet für „Katzenanfänger". ORANGE ist entwurmt, wurde kastriert und geimft gegen Katzenseuche und Katzenschnuppen. Ihr neues zu hause sollte wenigstens einen ab gesicherten Ballkon haben, auch freilauf in verkehrsberuhigtem Wohngebit ist möglich. Vermitlung nur im Rhein-Main-Gebiet.

15
1) sie kam
2) das Junge (für Tierkind), vier Junge
3) ruhige
4) angenehme
5) die Artgenossen
6) verschmust
7) geeignet
8) geimpft
9) Katzenschnupfen
10) das Zuhause
11) abgesicherten
12) Balkon
13) der Freilauf
14) Wohngebiet
15) Vermittlung

arbeit besonders gut.

Notiere zu jedem gelungenen Bereich die erreichte Punktzahl.

☐ Passt die Überschrift zum Thema?
Verrät sie nicht zu viel?
Reizt sie zum Weiterlesen?
2 Punkte — *Erreichte Punkte:* ☐

☐ Markiere durch einen Strich,
wo die Einleitung endet und der Hauptteil beginnt *(1,5 P.)*,
wo der Hauptteil endet und der Schluss beginnt *(1,5 P.)*.
3 Punkte — *Erreichte Punkte:* ☐

☐ Hat deine Geschichte einen besonderen Schlusssatz?
1 Punkt — *Erreichte Punkte:* ☐

☐ Unterstreiche blau alle Adjektive in deiner Geschichte.
Kommt möglichst in jedem Satz ein Adjektiv vor?
Hast du den Mann anschaulich mit passenden Adjektiven beschrieben?
Aussehen des Mannes: z. B klein, dick, ungepflegt *(2 P.)*;
fleckiges Hemd, gestreifte Hose, Hausschuhe *(2 P.)*;
Gesicht: Bartstoppeln, Halbglatze mit fettigem Haar *(2 P.)*;
offenes Hemd, Hosenträger *(2 P.)*
8 Punkte — *Erreichte Punkte:* ☐

☐ Hast du die Adjektive aus der ersten Übung benutzt?
Umgebung des Mannes: z. B. dunkle Wohnung, kahle Wände, graue, schmutzige Tapete, fleckiges Sofa, schmutziger, staubiger Boden *(6 x 0,5 P. = 3 P.)*
Zuhause der Kinder: z. B. gemusterte Tapete, gemütliches Sofa, hellgrüner Teppich, sauberes Fell, warmer Katzenkorb, frisches Futter *(6 x 0,5 P. = 3 P)*
6 Punkte — *Erreichte Punkte:* ☐

☐ Hast du den Kindern Namen gegeben?
3 Punkte — *Erreichte Punkte:* ☐

☐ Unterstreiche gelb, wo du von Gefühlen und Gedanken erzählst.
Empfindungen des Mannes,
– als er entdeckt, dass er von den Kindern beobachtet wird, z. B. Misstrauen, Sorge, Ärger, Scham *(1 P.)*;
– als er bemerkt, dass sie ihn an der Tür abgelenkt haben, um die Katze zu entwenden, z. B. Wut, Angst *(1 P.)*;
Gefühle der Kinder,
– als sie die Katze zum ersten Mal sehen, z. B. Mitleid, Schrecken, Angst vor dem Mann, Abneigung, Ekel vor dem Schmutz *(1 P.)*;
– als sie die Katze befreien, z. B. Aufregung, Angst, vielleicht Zufriedenheit, Stolz *(1 P.)*;
– als sie mit der Katze weglaufen, z. B. Angst, aber auch Erleichterung *(1 P.)*;
5 Punkte — *Erreichte Punkte:* ☐

☐ Erzählst du die Gedanken, Gefühle in einem Selbstgespräch des Kindes?
2 Punkte — *Erreichte Punkte:* ☐

☐ Überprüfe die wörtlichen Reden: Kommt jeder Gesprächspartner wenigstens zweimal zu Wort? (Denn sonst ist es kein Gespräch.)
Gespräch an der Haustür *(1 P.)*;
Telefongespräch *(1 P.)*.
2 Punkte — *Erreichte Punkte:* ☐

☐ Hast du statt „sagen“ treffende Verben benutzt? *(1 P.)*
2 Punkte — *Erreichte Punkte:* ☐

… (Tierschutzverein, Polizei, anderer Erwachsener). Es muss etwas geschehen sein, sodass die Kinder nicht mehr befürchten müssen, dass ihnen die Katze wieder weggenommen wird. *(2 P.)*
2 Punkte — *Erreichte Punkte:* ☐

☐ Hast du die ganze Geschichte in einer Tempusform erzählt? *(1 P.)*
1 Punkt — *Erreichte Punkte:* ☐

Möglich sind insgesamt 37 Punkte — *Erreichte Punkte:* ☐

Punkteverteilung

Nr.	Aufgabe	erreichte Punkte	Nr.	Aufgabe	erreichte Punkte
A 1	Thema des Textes		B 8	Verben und Präteritum	
A 2	Gliederung des Textes		B 9	Nomen und Kasus	
A 3	Ziel der Autoren		B 10	Wortarten	
A 4	Aufgaben des Vereins		B 11	Adjektive steigern	
A 5	Gründungsmitglieder		C 12	Rechtschreibung	
A 6	Aufnahme der Katzen		D 13	Geschichte schreiben	
A 7	Redewendung				

deine Gesamtpunktzahl: ☐

Bewertungsschlüssel

123–90 Punkte
Du liegst im guten bis sehr guten Bereich.
Du kannst dir noch einmal die Stellen ansehen, an denen du dich verbessern kannst.

89–61 Punkte
Einiges gelingt dir, manches musst du aber noch einmal üben.
Notiere dir Fehlerschwerpunkte in deinem Test, so kannst du gezielt wiederholen.

60–0 Punkte
Du musst vieles wiederholen und gründlich üben.
Finde gemeinsam mit deiner Lehrerin, deinem Lehrer deine Fehlerschwerpunkte heraus, notiere sie und überlege, wie du dich verbessern kannst.

P9612318/06

Deutschbuch

Arbeitsheft

Neue Grundausgabe

Lösungen 5

Seite 3

1 **w:** am Fenster
x: neben dem Schreibtisch
y: Nachschlagewerke, Schulbücher und Arbeitshefte nach Fächern geordnet
z: Folgende Störfaktoren solltest du vermeiden:

2 Wichtig ist, dass der Schreibtisch vor dem Fenster steht und das Regal mit den Arbeitsmitteln neben dem Schreibtisch.

Seite 4

4 13.30 – 15.00 Uhr: Erholungspause, der Körper braucht jetzt Energie für die Verdauung.
15.00 – 17.30 Uhr: ideale Hausaufgabenzeit, gut erholt kann man besser denken.

5 *zum Beispiel:*
13.00 – 13.30 Uhr: Mittagessen
13.30 – 14.00 Uhr: Mittagsschlaf
14.00 – 15.00 Uhr: Fußball spielen
15.00 – 17.00 Uhr: Hausaufgaben machen
17.00 – 18.00 Uhr: fernsehen

6 kleine Erholungspause – Abendstunden – Schlafen – festen Zeiten

Seite 5

7 *Zuordnung:* 1 b), 2 c), 3 a), 4 f), 5 e), 6 d)

8 Eine sinnvolle Reihenfolge wäre:
1. Englisch: Vokabeln lernen
2. Deutsch: Erzählung schreiben
3. Geschichte: Daten auswendig lernen
4. Erdkunde: Hauptstädte aufschreiben
5. Mathe: S. 5, Aufgaben 3–6

Seite 6

1 Wichtig für eine übersichtliche Heftgestaltung sind:
eine gute Schrift, freier Rand, farbige Hervorhebungen, Überschriften, Unterstreichungen, Absätze, Großbuchstaben, Spiegelstriche zur Gliederung

2 Rand – Datum – Überschrift – Absätze – einfache – doppelte – farbigen – Großbuchstaben

Seite 9

1 [5] [1] [3]
[2] [4]

2 Einleitung: Bild 1
Hauptteil: Bilder 2, 3, 4
Schluss: Bild 5

Seite 10

3 *Beispiel:* Tina und Luis hatten sich am Vormittag in der Schule eigentlich nur zum Fußballspielen verabredet. Sie wollten sich auf der großen Wiese in der Nähe von Luis' Haus treffen. Beide freuten sich, weil sie leidenschaftlich gern kickten. Wie konnten sie wissen, dass sie an diesem Nachmittag ganz andere Fähigkeiten brauchen würden?

4 a) *Beispiele:*
Tina: Ball weit im Garten, Blumen unter der Mauer, kein Hund zu sehen, Swimmingpool, Sonne blendet
Luis: Tina ist schwer, Angst, großer Hund, liegen lassen, nichts zu hören

b) *Beispiel:*
Tina: „O je, der Ball ist ganz weit hinten im Garten gelandet."
Luis: „Kommen wir denn an ihn dran?"
Tina: „Nein, dazu muss ich über die Mauer klettern. Hilf mir mal!"
Luis: „Aber da steht doch, dass hier ein bissiger Hund wohnt. Hast du keine Angst?"
Tina: „Ich sehe keinen Hund. Jetzt mach schon und hilf mir hoch."
Luis: „Also gut. Uff, du bist ganz schön schwer."

Seite 11

5 a) + b) „Ich kann immer noch nichts sehen", **flüsterte** Tina und **kletterte** ein Stückchen höher. *In diesem Moment* **wollte** Luis ihr **zurufen**, dass er auch nichts hörte und der Hund sicherlich gar nicht zu Hause sei. *Plötzlich* flog ein Schuh an ihm vorbei. Hatte Tina ihn beim Klettern verloren oder hatte sie ihn absichtlich ausgezogen? Sie sagte nichts, sondern **kletterte** einfach weiter. *Schließlich* **fragte** Luis: „Soll ich dir den Schuh wieder *hochwerfen*?" *Endlich* **erwiderte** Tina etwas.

6 *Beispiele:*
Er hatte Angst um Tina: Sein Magen krampfte sich zusammen. Er zitterte am ganzen Körper. Er trat von einem Bein aufs andere. Sein Herz klopfte bis zum Hals.
Er erschrak: Er bekam ganz weiche Knie. Ihm fuhr der Schreck in die Glieder. Seine Augen wurden weit vor Schreck.
Er war erleichtert: Er atmete auf. Er machte einen Luftsprung.

Seite 12

7 b) zitternd, ängstlich, wütendes

c) *Beispiel:*
Sein Herz klopfte bis zum Hals. Tina sprang und landete mit einem Plumps auf der anderen Seite. Das Gebell wurde noch lauter. Luis bekam ganz weiche Knie und rief erschrocken: „Tina, sag etwas! Was ist los?“ Tina grinste, denn ein kleiner Dackel stürmte auf sie zu und wedelte dabei wie wild mit dem Schwanz. Offenbar dachte er, dass sie mit ihm spielen wollte. Sie holte den Ball. Nun musste sie nur wieder auf die andere Seite klettern.

Seite 13

8 *Beispiel:*

Hunde, die bellen, beißen nicht

(Einleitung) Tina und Luis hatten sich am Vormittag in der Schule eigentlich nur zum Fußballspielen verabredet. Sie wollten sich auf der großen Wiese in der Nähe von Luis' Haus treffen. Beide freuten sich, weil sie leidenschaftlich gern kickten. Wie konnten sie wissen, dass sie an diesem Nachmittag ganz andere Fähigkeiten brauchen würden?

(Hauptteil) Dass Tina ziemlich mutig war, hatte Luis allerdings schon vorher geahnt. Dabei war es eigentlich Luis, der ihnen das Abenteuer eingebrockt hatte. Als er nämlich Tina zeigen wollte, dass er unhaltbare Elfmeter schießen konnte, geschah es. Der Ball flog in hohem Bogen über eine Mauer. Das wäre ja nicht so schlimm gewesen, aber an der Mauer hing ein Schild mit der Aufschrift: „Vorsicht, bissiger Hund!“. Zunächst wussten Tina und Luis nicht, wie sie wieder an ihren Ball gelangen sollten. Schließlich fasste Tina einen Entschluss. „Ich klettere rüber und hole den Ball“, sagte sie mutig. „Hilf mir mal.“ Luis machte eine Räuberleiter und Tina stützte sich bei ihm ab. Doch auf einmal kamen ihm Zweifel. „Tina, meinst du nicht, es wäre vielleicht doch besser, wir würden den Ball einfach im Garten liegen lassen?“, schlug er vor. Tina erwiderte: „Auf gar keinen Fall, ich hol den. Aber sag mir Bescheid, sobald du irgendetwas im Garten hörst.“ Sie begann, an den groben Steinen der Mauer emporzuklettern, obwohl ihr dabei etwas flau im Magen war. Luis trat vor Aufregung von einem Bein aufs andere. „Ich kann immer noch nichts sehen“, flüsterte Tina und kletterte ein Stückchen höher. In diesem Moment wollte Luis ihr zurufen, dass er auch nichts hörte und der Hund sicherlich gar nicht zu Hause sei. Plötzlich flog ein Schuh an ihm vorbei. Hatte Tina ihn beim Klettern verloren oder hatte sie ihn absichtlich ausgezogen? Sie sagte nichts, sondern kletterte einfach weiter. Schließlich fragte Luis: „Soll ich dir den Schuh wieder hochwerfen?“ Endlich erwiderte Tina etwas. „Nein, es geht auch so, ich bin gleich oben.“ Luis stand zitternd vor der Mauer. Er fragte Tina ganz ängstlich: „Kannst du den Ball sehen?“ In diesem Augenblick erklang im Garten ein wütendes Bellen. „Ich kann dich nicht mehr halten“, sagte Luis zu Tina, „spring jetzt über die Mauer!“ Sein Herz klopfte bis zum Hals. Tina sprang und landete mit einem Plumps auf der anderen Seite. Das Gebell wurde noch lauter. Luis bekam ganz weiche Knie und rief erschrocken: „Tina, sag etwas! Was ist los?“ Tina grinste, denn ein kleiner Dackel stürmte auf sie zu und wedelte dabei wie wild mit dem Schwanz. Offenbar dachte er, dass sie mit ihm spielen wollte. Sie holte den Ball. Nun musste sie nur wieder auf die andere Seite klettern. „Es ist alles in Ordnung, Luis, der bissige Hund ist ein lieber kleiner Dackel!“, rief sie und warf den Ball zurück über die Mauer. Luis machte vor Erleichterung einen Luftsprung. Tina suchte nach einem Tritt in der Mauer, denn sie wollte schnell aus dem fremden Garten verschwinden. Mühsam kletterte sie Stück für Stück nach oben. Auf der Mauerkrone winkte sie dem Dackel noch einmal zu. Dann half ihr Luis beim Abstieg auf der anderen Seite.

(Schluss) Wenig später ließen sich beide außer Atem auf die Fußballwiese fallen. „Da haben wir aber Glück gehabt!“, sagte Tina nachdenklich. „Stell dir vor, hinter der Mauer hätte ein scharfer Schäferhund gelauert!“

9
1. Einleitung, Hauptteil, Schluss
2. Einleitung
3. Präteritum
4. wörtliche Rede
5. Gefühle und Gedanken
6. Adjektive oder Partizipien
6. Verben

Seite 14

1 *Beispiel:*

2: Ein Liebesbrief für Linus!
3: Bring den Brief bitte zu Linus.
5: Hallo, Snoopy.
6: Sally liebt mich?
7: Was fällt ihr nur ein?
8: Das ist eine Unverschämtheit!
9: Was sagt er? Er ist stumm vor Staunen.

Seite 15

2 a) **Steckbrief**

Katze zugelaufen!
Am Sonntag, dem 3.5., ist uns in Lannesdorf eine Katze zugelaufen. Auffallend ist ihr langes, dichtes, Fell, das eine ganz weiße Färbung hat. Ihr Schwanz ist dick und buschig. Sie hat große, leuchtende Augen, die verschiedenfarbig sind: Ein Auge ist blau, das andere orange. Ihre kurze, stumpfe Nase weist den typischen „Stopp“ auf, also eine Einbuchtung zwischen Stirn und Nasenspitze. Der Körperbau ist eher kompakt und ihre Beine sind relativ kurz, aber kräftig. Alle diese Merkmale weisen auf eine Perserkatze hin.
Der Besitzer soll sich bitte bei Familie Patek melden unter der Telefonnr. (012) 345678

b) **E-Mail an die Freundin**

Hi Dörte!
Stell dir vor, was passiert ist! Uns ist eine supersüße Katze zugelaufen. Du müsstest sie mal erleben. Sie sieht aus wie ein laufendes Wollknäuel. Dabei ist ihr Fell total weich und sie genießt es richtig, wenn man es bürstet. Es war ein bisschen verfilzt und schmuddelig, als sie hier bei uns ankam. Wir haben sie Wolli getauft. Wolli ist richtig verschmust. Wenn ich auf dem Sofa sitze, springt sie sofort auf meinen Schoß und schmiegt sich ganz fest an mich und schnurrt vor sich hin.
Beim nächsten Mal mehr ...
Tschau
Kati

3 **Beispiel:**

Liebe Großeltern!
Uns ist eine ganz hübsche Perserkatze zugelaufen, die wir gerne behalten würden. Wir wissen, dass so ein Tier regelmäßige Pflege und Zuwendung braucht. Das könnten wir schaffen. Wir sind schließlich zu zweit! Wir haben uns schon darüber informiert, dass Perserkatzen zu den Langhaarkatzen gehören und deshalb täglich gekämmt und gebürstet werden müssen. Es ist auch klar, dass wir ein Katzenklo besorgen und es sauber machen. Das Katzenfutter kaufen wir übrigens von unserem Taschengeld.
Helft uns bitte, die Eltern davon zu überzeugen, dass wir die Katze behalten dürfen.
Viele liebe Grüße
Kati und Elisa

Seite 16

1 b)

Rasse:	Haflinger
Farbe:	das Fell ist fuchsfarben, Mähne und Schweif sind cremefarben
Alter:	14 Jahre
Größe:	145 cm
Aussehen:	edler Kopf, kleine Ohren und weiße Blesse, kräftige Beine mit harten Hufen
Verhalten:	sehr gutmütig, kindergeeignet; tritt, steigt und beißt nicht; als Schulpferd sehr empfehlenswert
Futter:	am liebsten Frischfutter auf der Weide; gern auch Heu und Möhren
Preis:	2.000 Euro
Kontakt:	Hof-Horses: 0 70 81/51 45

c) Haflinger zu verkaufen!
Das Pferd ist fuchsfarben, Mähne und Schweif sind cremefarben. Es ist 14 Jahre alt, 145 cm groß, hat einen edlen Kopf, kleine Ohren, eine weiße Blesse und kräftige Beine mit harten Hufen. Dieser Haflinger ist sehr gutmütig und für Kinder geeignet. Gutes Schulpferd, tritt, steigt und beißt nicht. Frisst am liebsten Frischfutter auf der Weide, gern aber auch Heu und Möhren.
Preis: 2.000 Euro
Kontakt: Hof-Horses: 0 70 81/51 45

Seite 17

1 a) TOR
HUND
KUNST
FERIEN
FEBRUAR
FLUGZEUG
FERNSEHER
MATHEMATIK
ERWACHSENER
BRIEFTRÄGER
MITTELALTER

b) Tafelkreide

2

laufen	**der Lauf, der Läufer**	jugendlich	**der/die Jugendliche**
		erwachsen	**der Erwachsene**
sprechen	**die Sprache**	hoch	**die Höhe**
schlafen	**der Schlaf**	lang	**die Länge**
lehren	**der Lehrer, die Lehre**	fleißig	**der Fleiß**

Seite 18

3 Kurz vor ihrem Geburtstag fing Laura an, von einem Computer zu schwärmen, denn sie hätte gern einen gehabt. Morgens lief sie eilig in die Küche, wo ihre Mutter das Frühstück richtete. „Weißt du, was heute für ein Tag ist?", fragte sie. „Sonntag", sagte ihre Mutter. „Aber das weißt du doch." Laura lachte noch immer, als ihr Vater ein großes Paket hereintrug. Als Laura auspackte, blickte ihr eine Marionette entgegen. Außerdem bekam sie neue Jeans. „Wir haben gedacht, dass dir das besser gefallen würde als ein Computer." Laura beschloss, ihnen die Freude nicht zu verderben. „So sind Erwachsene nun mal", dachte sie, „sie schenken einfach das, was sie selbst gern haben möchten."

4

Singular	Plural	Geschlecht
die Laura	–	f
der Computer	die Computer	m
die Küche	die Küchen	f
die Mutter	die Mütter	f
das Frühstück	–	n
der Tag	die Tage	m
der Sonntag	die Sonntage	m
der Vater	die Väter	m
das Paket	die Pakete	n
die Marionette	die Marionetten	f
die Jeans	die Jeans	f
die Freude	die Freuden	f
der / die Erwachsene	die Erwachsenen	m / f

Seite 19

5

Kasus	Numerus	
	Singular	Plural
Nominativ	der, ein Käfig	die Käfige
Genitiv	des, eines Käfigs	der Käfige
Dativ	dem, einem Käfig	den Käfigen
Akkusativ	den, einen Käfig	die Käfige
Nominativ	die, eine Wüste	die Wüsten
Genitiv	der, einer Wüste	der Wüsten
Dativ	der, einer Wüste	den Wüsten
Akkusativ	die, eine Wüste	die Wüsten
Nominativ	das, ein Tier	die Tiere
Genitiv	des, eines Tieres	der Tiere
Dativ	dem, einem Tier	den Tieren
Akkusativ	das, ein Tier	die Tiere

Seite 20

6 Miyax schob *die* Kapuze *des* Anoraks zurück, um nach *der* Sonne zu sehen. Die war jetzt eine gelbe Scheibe auf einem grünen Himmel, und Miyax schloss aus *den* Farben *des* Himmels und *der* Sonne, dass es gegen sechs Uhr abends sein musste; das war *die* Stunde, da *die* Wölfe erwachten. Geräuschlos stellte sie ihren Kochtopf nieder und kroch auf *die* Höhe *des* kleinen Hügels, eines *der* vielen Erdbuckel, die in der krachenden Kälte *des* arktischen Winters aufbrechen und wieder einsinken. Auf dem Bauch liegend blickte *das* Mädchen über *das* moosgefleckte Grasland und wandte dann ihre ganze Aufmerksamkeit auf einen Punkt: *die* Wölfe. Zwei Schlafzeiten war es her, dass Miyax zufällig auf sie gestoßen war.

7 Miyax (Wem?, Dativ) zitterten die Hände und ihr Herz (Wer oder Was?, Nominativ) begann, rascher zu schlagen. Sie hatte Angst (Wen oder Was? Akkusativ). Nicht so sehr vor den Wölfen – die zeigten sich zurückhaltend und waren viele Harpunenschüsse weit entfernt –, aber die Lage (Wer oder Was?, Nominativ), in die sie geraten war, machte ihr Angst. Miyax hatte sich verirrt. Seit Tagen wanderte sie ohne Nahrung (Wen oder Was?, Akkusativ) durch die Wildnis (Wen oder was?, Akkusativ) Alaskas (Wessen?, Genitiv). Die Ebene (Wer oder Was?, Nominativ) senkte sich, über dreihundert Meilen breit [...] Der Wind (Wer oder Was?, Nominativ) heulte und pfiff darüber hinweg, und in welche Richtung man auch blickte, immer war es das Gleiche (Wer oder Was?, Nominativ). Irgendwo in diesem grasraschelnden Universum war sie, Miyax, und das Überleben (Wer oder Was?, Nominativ), das Weiterglimmen eines Funkens (Wessen?, Genitiv) Lebenswärme in ihrem Körper, hing von den Wölfen (Wem?, Dativ) ab.

Seite 21

1

	Hauskatze	Gepard	Tiger
Fell	**grauschwarz gestreift, gefleckt**	**gelbrot, schwarz gefleckt**	**braungelb, senkrecht, schwarz**
Krallen	**scharf**	**stumpf**	**kräftig, gekrümmt**
Körperbau	**kraftvoll**	**wendig, geschmeidig**	**kräftig, schlank**
Neugeborenes	**blind, taub**	**blind**	**blind**

Seite 22

2

Nominativ	die weißen Schwäne	die zahmen Mäuse	die großen Nilpferde
Genitiv	der weißen Schwäne	der zahmen Mäuse	der großen Nilpferde
Dativ	den weißen Schwänen	den zahmen Mäusen	den großen Nilpferden
Akkusativ	die weißen Schwäne	die zahmen Mäuse	die großen Nilpferde

3 a) + b) Das Verhalten der Elefanten

Elefanten sind **typische** Herdentiere. Die Herden können 20 bis 30 Tiere umfassen und werden meist von einem **älteren weiblichen** Tier angeführt. Dank ihrer **langen** Erfahrung und dem **hervorragenden** Gedächtnis kennt diese Leitkuh genug **ergiebige** Futter- und Wasserplätze. Elefanten zeigen ein sehr **soziales** Verhalten. Die **jungen** Elefanten werden von allen beschützt, sie wachsen im Rudel auf. Auch **verletzte, trächtige** oder **alte** Tiere werden von den anderen geschützt. Elefanten sind **gutmütige** Tiere, denn sie kennen in der **freien** Natur keine **natürlichen** Feinde. Sie besitzen ein sehr **gutes** und **langes** Gedächtnis. Noch Jahre nach einem **besonderen** Vorfall können sie sich genau an **ehemalige** Feinde oder **reichhaltige** Futterplätze erinnern.

4 a) Das Verhalten der Elche

Der Elch ist ein typischer Einzelgänger. Er lebt manchmal in kleinen Familien, nie in großen Rudeln. Dies ist wahrscheinlich auf die extreme Futterarmut in den harten Wintern zurückzuführen. Für ein größeres Rudel gibt es einfach zu wenig Nahrung in der kargen Landschaft.
Die schlimmsten Feinde des Elchs sind andere Elche, die das spärliche Futter fressen. Nur alte und schwache Elche können von Wölfen gerissen werden. Gesunde Elche können sich mit kräftigen Tritten wehren. Ein strammer Elchtritt kann für einen Wolf tödliche Knochenbrüche nach sich ziehen. Elche sind sehr geschickte und leise Tiere. Bei der Jagd sind schon riesige Elche direkt vor den Jägern verschwunden. Da sie kaum natürliche Feinde haben und daher nur geringe Angst empfinden, verharren Elche meistens in ganz ruhiger Stellung, anstatt zu fliehen.

b) typischer – typisch, kleinen – klein, großen – groß, extreme – extrem, harten – hart, größeres – groß, wenig – wenig, kargen – karg, schlimmsten – schlimm, spärliche – spärlich, alte – alt, schwache – schwach, gesunde – gesund, kräftigen – kräftig, strammer – stramm, tödliche – tödlich, geschickte – geschickt, leise – leise, riesige – riesig, natürliche – natürlich, geringe – gering, ruhiger – ruhig

Seite 23

5 a) ... der See-Otter von allen Tieren das dichteste Fell hat?
... Moschusochsen die längsten Fellhaare haben?
... das Faultier langsamer als alle anderen Säugetiere ist?
... Pinguine besser schwimmen als mancher Fisch?
... der Pottwal tiefer taucht als jedes andere Tier, das Luft holen muss?
... der Gepard am schnellsten ist?

b)

Positiv	Komparativ	Superlativ
dicht	dichter	dichteste, am dichtesten
lang	länger	längsten, am längsten
langsam	langsamer	langsamste, am langsamsten
gut	besser	beste, am besten
tief	tiefer	tiefste, am tiefsten
schnell	schneller	schnellste, am schnellsten

6 (einzig) stark (blind) berühmt lebendig kurz (viereckig) winzig

Seite 24

1 Ein Tag im Freibad (1)

Sara möchte mit ihrer Schulfreundin Leyla ins Freibad gehen. Ihre Mutter erwartet, dass *sie* ihren kleinen Bruder Silas mitnimmt. „*Er* wird euch bestimmt nicht stören!", betont die Mutter. „Das glaubst *du* doch selbst nicht", protestiert Sara. „*Er* wird uns den ganzen Badespaß verderben", stöhnt *sie*. Doch schließlich sieht *sie* ein, dass ihr Bruder nicht allein zu Hause bleiben kann. „In Ordnung", willigt *sie* ein, „dann kommt *er* eben mit." Kaum sind *sie* im Freibad angekommen, geht *es* schon los. Silas hat sein Badehandtuch vergessen. *Er* bettelt seine Schwester an: „Bitte, gib mir doch dein Handtuch! *Ihr* benötigt doch zusammen nur eins. *Es* ist groß genug für euch beide. Immerhin seid *ihr* doch Freundinnen!" „Nein, mein Handtuch bekommst *du* nicht!", widerspricht Sara. „*Du* brauchst dich ja nicht nass zu machen. Leg dich einfach auf die Wiese und warte, bis *wir* mit dem Baden fertig sind. Und jetzt lass uns endlich in Ruhe und verschwinde." Silas entgegnet wütend: „*Ihr* seid so gemein zu mir. Das werde *ich* zu Hause der Mama erzählen. Dann bekommst *du* richtig Ärger!"

Seite 25

2 a) Die Affen schreien laut.
b) Die Affen springen wild von Ast zu Ast.
c) Der Hund ist noch sehr klein.
d) Der Hund wälzt sich dabei oft im Dreck.

3 Ein Tag im Freibad (2)
Silas hat nach einer Stunde schon keine Lust mehr. „*Mir* ist langweilig. Können *wir* endlich gehen?“ Seine Schwester ist genervt: „Immer muss ich *mich* um *dich* kümmern. Such *dir* ältere Freunde, die auf *dich* aufpassen!“ Plötzlich hören die Geschwister lautes Geschrei. *Sie* drehen sich um und sehen, dass Leyla mitsamt ihrer Badetasche ins Wasser gefallen ist. „Helft *mir*! Die ganzen Sachen gehen unter.“ Silas und Sara schauen sich an. *Ihnen* wird klar, dass Leyla Hilfe braucht. „Lass *mich* das machen“, ruft Silas, bevor er ins Wasser springt. Er rettet Leyla und alle Sachen an Land. Sara bedankt sich erleichtert bei Silas und bietet *ihm* ihr Handtuch an: „Danke. Lass *uns* Frieden schließen.“ „Alles klar“, erwidert Silas.

4 Zeige mir die neue Badetasche.
Ich schenke ihnen drei Freikarten für das Freibad.
Zieht euch an, wir wollen nach Hause.
Ich rufe dich heute nach der Schule an.
Wir treffen uns um drei Uhr am Schwimmbad.
Mir wird in den nassen Sachen kalt.
Wie war dein Tag im Freibad?

Seite 26

1 **Singular:** ich staune, du staunst, er/sie/es staunt
Plural: wir staunen, ihr staunt, sie staunen

2 Ich habe – Du hast – Er hat – Sie hat – Es hat –
Wir haben – Ihr habt – Sie haben – Sie haben – Sie haben

3 vergisst – gibt – nimmt – isst – sieht – hilft

Seite 27

4 lass – lasst!/lassen
leg – legt!/legen
beweg – bewegt!/bewegen
Nimm – nehmt!/nehmen
lies – lest!/lesen
lies – lest!/lesen

5 Dreh! (oder: Drehe!) Dreht!
Gib! Gebt!
Steh! (oder: Stehe!) Steht!
Zeig! (oder: Zeige!) Zeigt!

Seite 28

6 *Beispiele:*
Lehrer: Leg sofort den MP3-Player weg!
Paul: Erklär mir bitte die Mathematikaufgabe!
Sara: Suche doch im Internet unter www.wdr5.de/lilipuz/lesepuz nach Kinderbuchtipps!
Leila: Gib mir sofort das Lineal zurück!

Seite 29 – TESTE DICH!

1 (9)

die Tür des Hauses	n, Sg.
die Wohnung	f, Sg.
die Lehrer	m, Pl.
der Regen	m, Sg.
das Futter der Löwen	m, Pl.
der Preis der Bücher	n, Pl.
dem Kind alles Gute	n, Sg.
die Fenster	n, Pl.
das Wasser	n, Sg.

2 (9)

am schönsten	Superlativ
besser	Komparativ
mehr	Komparativ
reich	Positiv
höher	Komparativ
der langsamste	Superlativ
still	Positiv
am hellsten	Superlativ
am schmutzigsten	Superlativ

3 (6)

	ja	nein		ja	nein
tot		×	leer		×
ungesund	×		einzig		×

	ja	nein
gut	×	
jung	×	

4 (34)
Die Erfindung des Kugelschreibers
Als der Ungar László Biró 1943 den **Kugelschreiber** (N) zum Patent anmeldete, ahnte **er** (P) noch nichts von seinem **großartigen** (Adj.) **Erfolg** (N). Heutzutage **besitzt** (V) fast jeder einen. Die **Idee** (N) für **das** (Art.) **neuartige** (Adj.) **Schreibgerät** (N) wurde schon im Jahre 1938 geboren. Biró bemerkte, dass die in Zeitungsdruckereien verwendete **Tinte** (N) mit **größerer** (Adj.) **Geschwindigkeit** (N) trocknete und das **Papier** (N) **sauber** (Adj.) und **schmierfrei** (Adj.) war. **Ihm** (P) kam **die** (Art.) **Idee** (N), gleichartige Tinte für „kleckerfreie“ Schreibgeräte zu **nutzen** (V). Die **dickere** (Adj.) **Tinte** (N) lief jedoch nicht durch die **üblichen** (Adj.) **Federn** (N). **Er** (P) ersetzte **die** (Art.) Feder durch eine **Metallkugel** (N), die sich in einer Fassung frei **drehen** (V) konnte. Die Idee war denkbar einfach: **Bewegt** (V) man den **Stift** (N) über das Papier, so **rotiert** (V) der Ball. Dadurch **nimmt** (V) **er** (P) Tinte auf und **überträgt** (V) **sie** (P) auf das Papier.

58 erreichbare Punkte

Seite 30

1 a) Lehrerin: sie gibt Noten, sie unterrichtet, sie lobt, sie kritisiert
Gärtner: er sät Blumen, er pflanzt Bäume, er bekämpft Schädlinge, er gräbt Beete um
Ärztin: sie untersucht Kranke, sie gibt Spritzen, sie behandelt Patienten, sie operiert
Koch: er schneidet Gemüse, er kocht Kartoffeln, er brät Fleisch, er dünstet Fisch
Frisör: er wäscht Haare, er schneidet Haare, er färbt Haare, er fönt Haare, er legt Dauerwellen
Postbotin: sie trägt die Post aus, sie verteilt Briefe

b) Das Präsens ist das richtige Tempus, weil das, was die Personen machen, zu ihrem Beruf gehört und immer wieder geschieht.

2 Im Reich der Masken
Bei Jörg sieht es auf den ersten Blick aus wie bei einem Frisör. Überall hängen Perücken in allen möglichen Farben herum. Auf dem Tisch stehen Schminke, Cremes , Lockenwickler und Haarfestiger. Jörg ist Maskenbildner, und wen er schminkt und anmalt, der erkennt sich nach kurzer Zeit selbst nicht wieder. Die meisten Maskenbildner haben zuerst eine Frisörlehre gemacht. Schließlich haben sie bei ihrer Arbeit viel mit Bärten und Perücken zu tun. Manchmal arbeitet ein Maskenbildner bis zu 40 Arbeitsstunden an einer einzigen Perücke. Die eigentliche Ausbildung dauert dann noch einmal drei Jahre. Dabei lernt man, wie man Schminke und Farben richtig einsetzt, um z. B. aus einem jungen Schauspieler einen alten Mann zu machen. Wer genug Talent hat, kann nach der Ausbildung beim Theater, Fernsehen, einer großen Filmproduktion oder für ein Musical arbeiten.

Seite 31

3 a) Ein Ferientag
Es war im Juli. Ich besuchte, wie immer in den Ferien, meine Großeltern an der Küste. Ich war gern dort. Nahezu jede freie Minute verbrachte ich mit Rasmus und Nils, den Nachbarskindern. Bei Ebbe gingen wir zum Meer und suchten am Strand nach Schätzen. Manchmal brachte uns Großvater mit dem Segelboot zu einer kleinen Insel. Wir kletterten über Felsen, sprangen in das erfrischende Meerwasser und beobachteten die zahllosen Fischschwärme, die neben uns schwammen. Eines Tages ...

b)

Verb	Infinitiv	Verb	Infinitiv
war	sein	brachte	bringen
besuchte	besuchen	kletterte	klettern
verbrachte	verbringen	sprangen	springen
ging	gehen	beobachteten	beobachten
suchten	suchen	schwammen	schwimmen

4 a) hatte, klemmte, drückte, war, konnte, nahm, aß, gab, kamen, knabberte, war, konnte, sollte, hatte

Seite 32

5

Verb Infinitiv	3. Person Singular Präteritum	schwaches Verb	starkes Verb
lesen	er las		×
lassen	sie ließ		×
wachsen	es wuchs		×
turnen	sie turnte	×	
fragen	er fragte	×	
fließen	es floss		×
stoßen	sie stieß		×
schenken	er schenkte	×	
schlagen	sie schlug		×
zerreißen	er zerriss		×
bleiben	er blieb		×
kämmen	sie kämmte	×	
gehen	er ging		×
tanzen	sie tanzte	×	
fallen	er fiel		×
kaufen	sie kaufte	×	
bauen	er baute	×	
sitzen	sie saß		×

Seite 33

6 Peter: Unsere Klasse hat die Parallelklasse beim Völkerballspiel besiegt.
Isabel: Im Probelauf bin ich langsamer gelaufen.
Saskia: Herr Wunsch hat die Spielregeln noch einmal erklärt.
Jonas: Stundenlang habe ich die Startnummer gesucht.
Ronja: Ich habe die Teilnehmer mit Getränken versorgt.
Steffen: Ich habe mir beim Fußballspiel den Knöchel verstaucht.

7 ich habe geschrieben
du bist geblieben
er hat gedacht
sie ist gerannt
es hat geschrieen
wir sind gegangen
ihr habt gesungen
sie haben genommen

Seite 34 – TESTE DICH!

1 Hallo, Tagebuch! 8. Mai [19]

Heute **hat** (Präs.) mein Freund Arne Geburtstag. Übrigens, was **heißt** (Präs.) schon Freund: Das **kommt** (Präs.) ganz darauf an, was man unter einem Freund versteht. **Versteht** (Präs.) man jemanden darunter, der immer für einen da **ist** (Präs.), dann **trifft** (Präs.) das nicht auf Arne zu. Versteht man jemanden darunter, der **fordert** (Präs.), dass man immer für ihn da ist, dann trifft das auf Arne zu.
Arne **hat** seinen Geburtstag nett **gefeiert** (Perf.)! Erst **trimmte** (Prät.) er sein Fahrrad, indem er gewisse Teile **entfernte** (Prät.), damit es schneller **fährt** (Präs.). Diese Teile **waren** (Prät.) ausgerechnet die Kette und die Bremsen. Dann **startete** (Prät.) er oben auf der Hauptstrasse, die schön bergab **führt** (Präs.), und **fuhr** (Prät.) mitten ins Schaufenster des Uhrmachers hinein. „Tick Tack, toll", **kommentierte** (Prät.) ich.
Der Uhrmacher **verpasste** (Prät.) Arne eine saftige Rechnung und eine dicke Backe. Arnes Fahrrad **hat** (Präs.) einen Totalschaden. Ich **habe** es **entsorgt** (Perf.).

2 Seitdem er die Harry-Potter-Bücher entdeckt hat, ist Robert eine richtige Leseratte geworden. Vor zwei Tagen *fiel* ihm in der Schulbibliothek ein ziemlich unansehnliches graues Buch in die Hände. Er *schlug* die erste Seite auf, *las* sie und konnte kaum noch aufhören. Sogar im Bus *saß* er und *verschlang* seine neue Lektüre. Zu Hause angekommen, holte er in der Küche ein Glas Orangensaft und *ging* in sein Zimmer. Er stellte das Glas auf seinen Schreibtisch und vertiefte sich in sein Buch. Da *geschah* es. Robert wollte, ohne hinzusehen, das Glas ergreifen, *stieß* es um und der Saft *floss* über seine Hefte. *9*

28 erreichbare Punkte

Seite 35

1 a) Hast du an die Zahnpasta gedacht?
Morgen soll es sehr heiß werden.
Die Gummistiefel pack auch ein!
Die Autoschlüssel habe ich dir gegeben.
Ich freue mich schon auf den Strand.
Steck die Ausweise in deine Handtasche!
Putzt du noch dein Skateboard?
Nimmst du den Windschutz mit?
Den Wohnungsschlüssel bring zu Frau Siekmann!

b) Denk an die Zahnpasta!
Soll es morgen sehr heiß werden?
Packst du auch die Gummistiefel ein?
Habe ich dir die Autoschlüssel gegeben?
Freust du dich schon auf den Strand?
Steckst du die Ausweise in deine Handtasche?
Putz noch dein Skateboard!
Nimm den Windschutz mit!
Bringst du den Wohnungsschlüssel zu Frau Siekmann?

2 *Beispiele:*
Frau Bäumer: Schaut mal dort hinten! Ein Reiterhof!
Sandra: *Wo ist ein Reiterhof?* Ich kann ihn nicht sehen.
Manuel: *Sperr* die Augen auf! Ach, jetzt sind wir schon daran vorbei.
Sandra: *Wie lange müssen wir noch fahren?*
Herr Bäumer: Noch zwei Stunden, dann sind wir wohl da. Helga, *pass auf!* Siehst du denn nicht, dass der Wagen abbremst?
Frau Bäumer: Fährst du oder fahre ich? *Also stör mich nicht!*
Sandra: Die Musik im Radio ist schrecklich! *Stell bitte einen anderen Sender ein!*
Herr Bäumer: *Wie ist es damit?* Gefällt euch das?
Manuel: *Wie lange dauert es noch?* Ich muss mal zur Toilette.
Frau Bäumer: An der nächsten Raststätte machen wir eine Pause. Klaus, *sieh einmal auf der Karte nach,* wie weit es noch ist!
Sandra: Ein Glück, das sind ja nur noch zehn Minuten! *Dann können wir endlich etwas essen.*

Seite 36

1 a) + b) Morgen / fahren / wir / mit einem Kutter / zu den Seehunden.
c) Wir fahren morgen mit einem Kutter zu den Seehunden.
Wir fahren mit einem Kutter morgen zu den Seehunden.

2 a) Hoffentlich liegen Seehundbabys auf der Sandbank.
Mit einem Netz fangen wir leckere Krabben.
Vielleicht schenkt uns der Kapitän einen Fisch.

b) Auf der Sandbank liegen hoffentlich Seehundbabys.
Hoffentlich liegen auf der Sandbank Seehundbabys.

Wir fangen mit einem Netz leckere Krabben.
Leckere Krabben fangen wir mit einem Netz.

Der Kapitän schenkt uns vielleicht einen Fisch.
Uns schenkt der Kapitän vielleicht einen Fisch.

Seite 37

3 *Beispiel:*
Jedes Jahr verbringen viele Gäste ihren Urlaub auf der Insel Wangerooge. Es gibt kaum ein Haus auf der Insel, das im Sommer keine Feriengäste aufnimmt. In den Wintermonaten kommen nur wenige Urlauber auf die Insel.

4 *So könnten deine Sätze aussehen:*

Die Reiseveranstalterin hebt das schöne Wetter hervor:
Das Wetter auf der Insel ist im Sommer meist sonnig und das Klima sehr angenehmen.
oder
Das Klima ist sehr angenehm und im Sommer ist das Wetter auf der Insel meist sonnig.

Der Kurdirektor ist besonders stolz auf das Angebot für Familien:
Die Kinder können am Strand Ball spielen, Muscheln sammeln und Burgen bauen.
oder
Fast jede Familie hat einen Strandkorb gemietet.

Was könnte der Bademeister wichtig finden? Schreibe auf:
Besonders gefährlich ist das Baden in der Brandung.
oder
In der Brandung ist das Baden besonders gefährlich.

Der Redakteur des „Inselboten" schreibt:
Reiten, Strandgymnastik, Kutschfahrten, Kutterfahrten und Wattwanderungen gibt es auf der Insel als Freizeitangebote.
oder
Die meisten Gäste halten sich bei sonnigem Wetter am Badestrand auf.

Seite 38

5 Von den gefährdeten Tierarten der Nordsee ist der Seehund unser größtes Sorgenkind. Wer ihn beobachten möchte, sollte das Tier nur aus großer Entfernung mit einem Fernglas betrachten. Der für die Tiere anstrengende Fellwechsel findet im Juli statt. Dann kommen auch die Jungen zur Welt. In den meisten Fällen wirft jedes Weibchen ein Baby. Die Zitzen der Muttertiere sind in einer Bauchfalte versteckt. Deswegen können die Jungen nur an Land gesäugt werden. Die Augen der Seehunde sind jedoch an ein Leben unter Wasser angepasst. Sobald die Seehunde auftauchen, werden sie stark kurzsichtig und deshalb ängstlich. Bei der kleinsten Störung versuchen die Tiere, im Wasser Schutz zu finden.

6 an dem Bauchnabel der Jungtiere → an ihm
An diesen Wunden → An ihnen oder Daran
viele Jungtiere → Tiere
Das Junge → Es

Seite 39

7 a) Hallo Aysun,
wie geht es dir? Mir geht es hier eigentlich ganz gut. Ich mache nämlich hier gerade Urlaub auf Wangerooge. Ich bin schon eine Woche mit Mama, Papa und Manuel hier. Es ist die ganze Zeit so ziemlich ganz gutes Wetter. Hier ist es zwar meistens windig, hier auf der Insel, aber die Sonne scheint. Leider ist es öfter zu kalt, um in der Nordsee zu schwimmen, deswegen gehen wir, also ich und meine Familie, ins Hallenbad.

b) Hallo Aysun,
wie geht es dir? Mir geht es gut. Ich mache nämlich gerade Urlaub auf Wangerooge. Ich bin schon eine Woche mit Mama, Papa und Manuel hier. Es ist die ganze Zeit ziemlich gutes Wetter. Hier ist es zwar meistens windig, aber die Sonne scheint. Leider ist es zu kalt, um in der Nordsee zu schwimmen, deswegen gehen wir ins Hallenbad.

8 a) Wir gehen jeden Tag meist am Strand spazieren. Dort am Strand liegen immer viele tote Krebse. Das ist nicht so schön! Eine Wattwanderung haben wir auch schon gemacht. Im Watt gibt es lebende Muscheln, und Manuel hat bei der Wattwanderung ganz zufällig einen Seestern gefunden. Den Seestern, den hat Manuel in einem Karton unter seinem Bett aufbewahrt. Du glaubst nicht, wie der Seestern unter dem Bett nach zwei Tagen gestunken hat!
Danach haben Mama und Papa beschlossen, dass wir, Mama, Papa, Manuel und ich, eine Inselumwanderung machen. Wir waren auch oben auf einem großen Leuchtturm. Von oben auf dem Leuchtturm konnte man fast die ganze Insel sehen. Zum Glück hatten wir auf dem Leuchtturm gutes Wetter!
Bis dann, deine Sandra

b) Wir gehen jeden Tag am Strand spazieren. Dort liegen immer viele tote Krebse. Das ist nicht so schön! Eine Wattwanderung haben wir auch schon gemacht. Im Watt gibt es lebende Muscheln und Manuel hat ganz zufällig einen Seestern gefunden. Den hat Manuel in einem Karton unter seinem Bett aufbewahrt. Du glaubst nicht, wie der nach zwei Tagen gestunken hat!
Danach haben Mama und Papa beschlossen, dass wir eine Inselumwanderung machen. Wir waren auch auf einem großen Leuchtturm. Von oben konnte man fast die ganze Insel sehen. Zum Glück hatten wir gutes Wetter!
Bis dann, deine Sandra

Seite 40

1 Vor Quallen schütteln sich die Badegäste meist angeekelt: warum eigentlich? Quallen bestehen doch fast ausschließlich aus Wasser. Sie sind so farbenprächtig. Quallenschwärme verwandeln die See in ein Blumenmeer! Ihre Schwimmbewegungen wirken würdevoll. Langsam wölben und strecken sie sich. Das gleicht dem Öffnen und Schließen eines Regenschirmes. Sie haben lange, schwere Fransen und Fangarme. Quallen fangen ihre Beute mit Nesselkapseln. Bei Berührung platzen diese. Eine giftige Harpune trifft dann das Beutetier. Die Begegnung mit einer „Gelben Haarqualle" oder einer „Blauen Nesselqualle" ist auch für Menschen schmerzhaft. Glücklicherweise sind diese Quallen seltener als ihre völlig harmlosen Artgenossen. Am häufigsten ist die „Ohrenqualle". Ihre vier rosa Fortpflanzungsorgane erinnern an Ohren.

2 a) + b) *Beispiel:*
Ich bin ein hervorragender Schwimmer.
Aber gerne ruhe ich mich auf dem Trockenen aus.
Ich atme mit Lungen.
Im Wasser tauche ich gut und lange.
Mein Körper ist stromlinienförmig.
Vor Kälte schützen mich ein dichtes, kurzes Fell und eine Fettschicht.
Hauptsächlich fange ich Fische.
Meine Jungen kommen nach 10 Monaten zur Welt.
Der Mensch nennt verlorene Junge Heuler.

c) Ich bin *ein Seehund.*

Seite 41

3 Das Inselbad wurde renoviert. Es gibt ein großes Fest.
Die Gäste im Seehotel haben „Mister Strand" gewählt.
Das „Café am Deich" ist sonntags geöffnet.
Die Fahrt nach Baltrum ist fast ausgebucht.
Ein 18-Jähriger wurde beim Surfen verletzt.
In der Mittwochnacht haben Rowdys Strandkörbe beschädigt.
Morgen wird sich das Wetter aufhellen.
Der Sieger im Burgenbauwettbewerb wurde geehrt.

Seite 42

1 a) Einst / fuhr / ein Steuermann / auf einem englischen Schiff. / Der Segler / ankerte / im Hafen von Stockholm. / Abends / ging der Steuermann / auf das Verdeck. / Er / wollte / frische Luft genießen. / Da / sah / er / am Ende des Schiffes / ein kleines, rotes Männchen. / Auch / auf dem Schiff daneben / entdeckte / er / ein Männchen. / Der Steuermann / erkannte / die Klabautermännchen. / Er / betrachtete / sie / neugierig. / Da / begannen / die beiden Männchen / ein Gespräch. / „Gehst / du / auch / auf See?" / , fragte / das Männchen vom Schiff gegenüber. / Sein Klabautermännchen / antwortete: / „Ich / bleibe / hier. / Im Kanal / sinkt / das Schiff."

b) + c) Der Segler ankerte. Der Steuermann ging. Er wollte genießen. Er sah. Er entdeckte. Der Steuermann erkannte. Er betrachtete. Die beiden Männchen begannen. „Gehst du?", fragte das Männchen. Sein Klabautermännchen antwortete: „Ich bleibe. Das Schiff sinkt."

2 [...] Am anderen Morgen *erzählte* er dem Kapitän von seinem Erlebnis. Dieser aber und die ganze Mannschaft *lachten* ihn aus. Der Steuermann *blieb* bei seinem Vorsatz. Er *nahm* seinen Abschied von dem Schiffe und *ging* auf ein anderes. Als er am Ende seiner Reise seinen Bestimmungsort *erreichte*, *erhielt* er auch schon die Unglücksnachricht: „Dein früheres Schiff *ging* mit Mann und Maus im Kanal *unter*."

Seite 43

1

Wen hast du getroffen?	Akkusativobjekt
Was hattet ihr?	Akkusativobjekt
Wer ist schon ganz braun?	Subjekt
Wem geht es gut?	Dativobjekt
Wen soll ich füttern?	Akkusativobjekt
Wer hat sich einen Sonnenbrand geholt?	Subjekt
Wem soll ich frische Streu geben?	Dativobjekt
Wem soll ich Grüße ausrichten?	Dativobjekt

Seite 44

2 *Beispiele:*
Manuel schenkt *einen Seestern*. Manuel schenkt *der Oma einen Seestern*.
Oma schickt *ein Paket*. Oma schickt *den Kindern ein Paket*.
Sandra schreibt *einen Dankesbrief*. Sandra schreibt *der Oma einen Dankesbrief*.
Die Kellnerin bringt *die Bestellung*. Die Kellnerin bringt *der Familie Bäumer die Bestellung*.
Vater gibt *ein Trinkgeld*. Vater gibt *der Kellnerin ein Trinkgeld*.
Die Kinder malen *ein Bild*. Die Kinder malen *der Mutter ein Bild*.

Seite 45 – TESTE DICH!

1 Nach einem Aussagesatz steht ein Punkt. 1

2 Sandra macht Ferien an der Nordsee. 1

3 Satzglieder bestimmt man mit der *Umstellprobe*. 1

4 Mit der Familie wandert Sandra um die Insel. 4 Satzglieder. 1

5 Die *Ersatzprobe* vermeidet Wiederholungen. 1

6 Das Satzglied an zweiter Stelle des Beispielsatzes ist das Prädikat. 1

7 Die Alpen ~~ist~~ / sind ein beliebtes Urlaubsziel. 1

8 Manuel findet einen toten Seestern. 1

9 Sandra ist hier das Dativobjekt. 1

10 Der Satz enthält kein Dativobjekt. 1

10 erreichbare Punkte

Seite 48

1 a) A B; D; F; H I; L M; O; Q R; T; V; X Y

b) RSTU CDEFG STUV KLMNO WXYZ GHIJ
ABCDE LMNOP EFGHI DEFGH PQRSTU

2 z y x w v u t s r q p o n m l k j i h g f e d c b a

3

Beleuchtung	Beleuchtung	Begabung
Brille	Beifall	Beifall
Begabung	Begabung	Beleuchtung
Beifall	Brille	Brille
Rohr	Radio	Radio
Riese	Riese	Riese
Roboter	Rohr	Roboter
Radio	Roboter	Rohr

Seite 49

4

6 Name	12 Natur	4 Nacken	2 Nachmittag
10 Nase	1 Nabel	9 Narr	8 Narbe
7 Napfkuchen	11 Nation	5 Nagel	3 Nacht

5 a)

POST	YOGA	HOSE	ZAHM	BOOT
WAND	JAGD	DACH	WOLF	TAXI
FAUL	KOHL	QUER	VASE	BEERE

b) Beere, Boot, Dach, faul, Hose, Jagd, Kohl, Post, quer, Taxi, Vase, Wand, Wolf, Yoga, zahm

Seite 50

6

Verwendung des Wortes
(hier: umgangssprachlich)
Plural
Betonungszeichen
(.Vokal kurz)

Artikel / Geschlecht
Betonungszeichen
(_Vokal lang)
Herkunft des Wortes
(hier: griechisch)

Trieb der, des Trieb(e)s, die Triebe: ein junger Pflanzentrieb (Spross), sein spielerischer Trieb (Hang); **trieb|haft**

trie|fen du triefst, sie troff / triefte, getroffen / getrieft, er triefte (*selten* er tröffe)

trie|zen *ugs.* jemandem heftig zusetzen, ihn ärgern, quälen, nicht in Ruhe lassen; sie triezte ihren Freund so lange, bis er sich endlich einen neuen Anzug kaufte

Trift die, die Triften: spärlich bewachsener Weg, der regelmäßig von Tieren benutzt wird, Viehweide

trif|tig sie hat triftige (schwer wiegende, stichhaltige) Gründe

Tri|go|no|me|t|rie die *griech.*: die Messung und Berechnung eines Dreiecks

Tri|kot [triko/triko] das *franz.*, des/die Trikots: elastisches, eng anliegendes Kleidungsstück; **Tri|kot** der: dehnbares Gewebe; **Tri|ko|ta|gen** [trikotaschen] die: maschinell gestricktes Material, Kleidung aus Trikot

Tril|ler der *ital.*; **tril|lern; Tril|ler|pfei|fe** die

Tril|li|ar|de die *lat.*: tausend Trillionen (10^{21}); **Tril|li|on** die: eine Million Billionen (10^{18})

Tri|lo|gie die *griech.*, die Trilogien: drei eigenständige, aber im Thema zusammengehörende Romane, Musikstücke oder Filme in Folge

Trimm-dich-Pfad der; **trim|men** sich sportlich trimmen, die Ladung wird getrimmt (verstaut)

trink|bar; trin|ken du trinkst, sie trank, getrunken, er tränke; **Trin|ker** der; **Trinker|heil|an|stalt** die; **Trin|ke|rin** die; **trink|fest; Trink|spruch** der; **Trunk** der, des Trunk(e)s; **trun|ken** am trunkensten: er war trunken vor Glück

Trio das *ital.*, des/die Trios: 1. Musikstück für drei Instrumente 2. die drei Musiker, eine Drei-Personen-Gruppe; das Gaunertrio plante einen Einbruch

Schreibung der starken
Verben
Worterklärungen

Aussprachehilfe
(manchmal in Lautschrift)

mögliche Silbentrennungen

Anwendungsbeispiel

mehrere Wortbedeutungen

Seite 51

7

Deutscher Name	Englischer Name	Deutscher Name	Englischer Name
das Dromedar	the dromedary	die Eidechse	the lizard
das Krokodil	the crocodile	das Nashorn	the rhinoceros
das Chamäleon	the chameleon	der Papagei	the parrot
der Strauß	the ostrich	der Wasserbüffel	the water buffalo
die Hyäne	the hyena	der Pinguin	the penguin
das Walross	the walrus	der Schimpanse	the chimpanzee

Seite 52

1

die Ju-gend-her-ber-ge
die Kin-der-gärt-ne-rin
das Buch
das Al-ter
die Schie-ne
das Ei
wun-dern
schrei-ben
put-zen
die Pu-ste-blu-me
die Wes-pe
die Groß-mut-ter
das Fens-ter
der Reiz-hus-ten
der Fern-seh-zu-schau-er
der Son-nen-schein
die Fer-ne
der Mond
das Ar-beits-blatt
be-haup-ten
die Freund-schaft
der Ad-ler

2

-ck-	-ch-	-sch-
dre-ckig	Kö-chin	Fla-schen
ste-cken	ste-chen	zwi-schen
rü-cken	rie-chen	Fäl-schung
De-cke	la-chen	Kir-sche
ausdru-cken	krie-chen	Mi-schung

Seite 53

1

ä oder e, äu oder eu?	Verwandte Wörter	Richtige Schreibung
die D?cher	das Dach, die Dachpappe, die Dachluke	die Dächer
?ngstlich	die Angst, Angst haben	ängstlich
der H??ptling	das Haupt, die Hauptsache	der Häuptling
sich sch?men	die Scham, schamlos	sich schämen
die Kr?fte	die Kraft	die Kräfte
der St?ngel	die Stange	der Stängel
sich n?hern	nah	sich nähern
k??flich	kaufen	käuflich
die H??te	die Haut	die Häute
das H??schen	das Haus	das Häuschen

2

das Kälbchen, das Kalb
jährlich, das Jahr
bläulich, blau
das Kästchen, der Kasten
das Rätsel, raten
das Säugetier, saugen
die Mäuse, die Maus
der Wärter, warten

Seite 54

3

G I F T	*Gifte, giftig*
S T A R K	*starke*
T R A B	*traben*
K A L T	*kälter*
K I N D	*Kinder*
L I C H T	*Lichter*
E C H T	*echter*
L U F T	*luftig*

Das Lösungswort ist: *Irrlicht*

4

Weg, Ring, Hund, Laub,
Rot, Brot, Hemd, Berg,
Ast, Bank, Hand, Mund,
Dieb, Mond, Sieb, Wald

5

Das Mondschaf

Das Licht der Sonne verlöscht sanft über dem Feld, der Abend zieht herauf. Es wird Nacht. Das Laub wiegt sich leise im Wind, hier und da knarrt ein Ast. Bald wird der helle Mond erscheinen. Leise raschelnd schiebt sich etwas durch die Büsche am Waldessaum. Erkennst du es? Es ist das Mondschaf, Freund aller Schlafenden. In deinen Traum hinein wird es hauchen: „Schlaf, mein Kind."

Seite 58

1

a) .... = *grün* ______ = *blau*

Straßenkinder in der Backstube

Der Duft von gebackenem Brot weht auf die Straße, als sich die Schultür öffnet. Mit vollen Bastkiepen auf dem Rücken ziehen Francisco und seine Freunde zum großen Platz der alten Inkastadt Cuzco. Jeden Abend verkaufen die Kinder dort Kuchen und Brot aus ihrer Bäckerei. Francisco strahlt. Noch vor kurzem hauste der Neunjährige auf der Straße – ohne Eltern, ohne regelmäßiges Essen. Dann aber hörte er vom Projekt „Huch'uy Runa", was so viel heißt wie „kleine Menschen, die vorankommen". In der Ganztagsschule lernen rund 200 peruanische Straßenkinder nicht nur Lesen und Schreiben, sondern auch ein Handwerk. Die Lehrer haben Francisco sogar geholfen, ein Bett bei Verwandten zu bekommen. Seine wirkliche Familie aber, so sagte der Junge, sind „Huch'uy Runa" und die Freunde aus der Backstube.

b)

Wörter mit zwei verschiedenen Konsonanten	Duft, gebackenem, Bastkiepen, Rücken, Francisco, Platz, alten, Inkastadt, Cuzco, Kinder, dort, Bäckerei, Noch, kurzem, Eltern, Projekt, Menschen, Ganztagsschule, lernen, rund, Straßenkinder, sondern, Handwerk, Verwandten, wirkliche, Junge, Backstube
Wörter mit verdoppeltem Konsonanten nach betontem kurzem Vokal	öffnet, vollen, Essen, Dann, vorankommen, Bett, bekommen

2

Beispiel:
Schwamm, Rollo, Tisch, Wand, Bank, Fenster, Pflanze, Heft, Radiergummi, Stift, Taschenrechner, Jacke

Seite 59

3

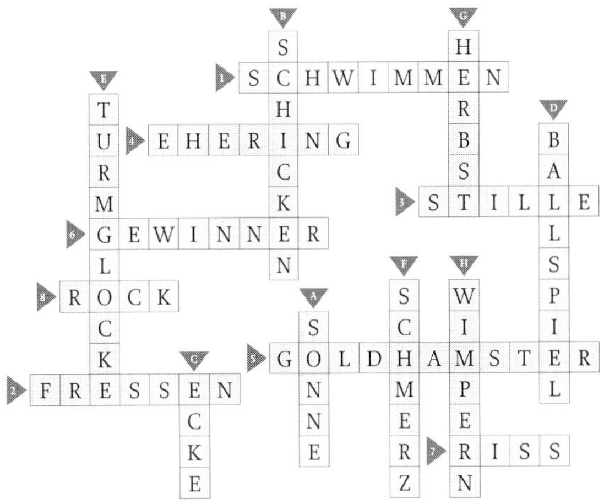

4

Spatz – Platz
Wanzen – Ranzen
Schnecke – Ecke
Stamm – Lamm
Nüsse – Küsse
Tonne – Nonne
fallen – knallen
Tatzen – Spatzen

Seite 60 – TESTE DICH!

1 Regel 1: Nach einem betonten, kurzen Vokal folgen meist *zwei Konsonanten.* [2]

Regel 2: Hörst du nur einen Konsonanten, wird er *verdoppelt.*

2 a) Was ein Igel alles frisst — a) [17]

Käfer, Spinne
Wespen, Bienen,
dicke Zecken,
Frösche, Schnecken,
Wasser, Mäuse
Flöhe, Läuse,
manchmal
eine Kreuzotter,
zwischendurch
einen Eidotter,
Regenwürmer,
saftig zarte,
stehen auf der Speisekarte.
Igel, guten Appetit!
Aber ich mach' da nicht mit.
Außer Wasser und Ei
wär' für mich nichts dabei.

b) alles, frisst, Spinne, Wasser, Kreuzotter, Eidotter, Appetit, Wasser [8]

27 erreichbare Punkte

Seite 61

1

Tal	Gruß	Mut	sagen
Wal	Fuß	Hut	fragen
Mal	Ruß	Wut	klagen

2

1. Bahn	4. Mahl
2. Fahne	5. Wahl
3. kahl	6. Rahmen
1. Lehm	4. Mehl
2. mehr	5. Kehle
3. sehr	6. Fehler
1. Lohn	4. Rohr
2. Mohn	5. Sohn
3. bohren	6. Mohr
1. Huhn	4. Kuh
2. Ruhm	5. Ruhe
3. Zufuhr	6. Stuhl

Seite 62

3

-hl-	-hm-	-hn-	-hr-
Stahl	Rahm	Lohn	Jahr
Kohle	Ausnahme	Sahne	Verkehr
Fröhlichkeit	zahm	Sohn	Lehrerin
Höhle	Rahmen	Zahn	ungefähr
erzählen	nehmen	gähnen	rühren
Fehlzeit	Ruhm	Kahn	ehren

4 a) NAMEN | HÖHLE | OHR | RABE | WAHRHEIT | STEHLEN | ANSAGE | ZEHN | NAHRUNG | KÜHLEN | SCHWER | BEFEHLEN

b) Höhle, Ohr, Wahrheit, stehlen, zehn, Nahrung, kühlen, befehlen

5

S	X	C	V	W	O	T	P	Y
A	K	I	B	E	L	K	J	Z
B	E	F	E	H	L	E	R	E
D	H	E	H	R	E	H	X	H
F	R	S	T	E	H	L	E	N
S	E	H	R	N	M	E	H	R
F	N	A	K	B	A	J	O	W

waagerecht: Befehl, Fehler, Ehre, Reh, stehlen, sehr, mehr
senkrecht: kehren, Kehre, ehren, Ehre, wehren, Lehm, Kehle, zehn, Zeh

Seite 63

1 Fliegende Boten

Brieftauben zu züchten, ist im Ruhrgebiet ein sehr beliebter Volkssport. Während dies heutzutage einer riesigen Rangelei um die längste zu fliegende Wegstrecke dient, war das Anliegen der Taubenzüchter im Altertum, eine Art fliegende Briefpost zu haben.
Im Alten Testament liest man über Noah, dass er eine Taube als Zeichen dafür fliegen ließ, dass die Wasserflut wieder niedriger stand. Als fliegende „Briefträger" setzten zum Beispiel auch die ägyptischen Pharaonen Tauben ein, und sie ließen extra leichtes Papier für den Transport entwickeln. Im antiken Griechenland war es üblich, dass viele Sportler, die an den Olympischen Spielen teilnahmen, ihre eigenen Brieftauben hatten. Im Falle eines Sieges banden die Athleten einen Teil des Zielbandes an den Fuß der Tauben, die anschließend zurück in die Heimat flogen und so den Daheimgebliebenen den Sieg anzeigten.
Damals ahnte niemand, dass die gefiederten Boten auch zwei Jahrtausende später noch in Kriegszeiten als schnelle Übermittler von Nachrichten in den Dienst genommen werden würden. Mit der Erfindung des Telegrafen gingen sie dann in den verdienten Ruhestand. Heute fliegen Tauben fast ausschließlich aus sportlichem Anliegen Nachrichten aus.

2 Brieftauben, Dienst, viele, Papier, beliebt, Griechenland, niemand, Sieg, Spiele, gefiedert, Beispiel, Anliegen, Briefträger

3

Infinitiv	Formen des Präteritums mit ie	
	Singular	Plural
steigen	er stieg	sie stiegen
schreiben	sie schrieb	wir schrieben
heißen	er hieß	sie hießen
lassen	ich ließ	ihr ließt

Seite 64

4

Josef Guggenmos
Wenn R**ie**sen n**ie**sen
S**ie**ben R**ie**sen,
d**ie** mit bloßen Füßen
über nasse W**ie**sen l**ie**fen,
n**ie**sten mit ihren R**ie**sennasen so laut,
dass von d**ie**sem R**ie**senn**ie**sen
s**ie**ben W**ie**selkinder,
d**ie** im dunklen Zimmer schl**ie**fen,
aufwachten und „Gesundheit“ r**ie**fen.

5

1				D	I	E	B			
2			T	R	I	E	B	E		
3		S	C	H	I	E	L	E	N	
4	E	R	F	R	I	E	R	U	N	G
5	V	E	R	B	I	E	G	U	N	G
6		S	C	H	I	E	N	E	N	
7			F	L	I	E	G	E		
8				V	I	E	R			

6

Nomen	Verben	Nomen	Verben
Nummer	nummerieren	Diktat	diktieren
Programm	programmieren	Korrektur	korrigieren
Explosion	explodieren	Frisur	frisieren

Seite 65

1 Kusine, Blondine, Schiffskantine, Mandarinen, Apfelsinen, Rosinen, Gelatine, Margarine, Rennmaschine, Lawine, Termine, Schiffskabine, Gardinenpredigt

2 das Lid
der Igel
das Benzin
die Mine
der Tiger
der Biber
das Krokodil
das Kaninchen

3 Leonie füttert **ihre** Katze, verabschiedet sich von **ihrer** Mutter und steigt auf **ihr** Fahrrad. **Ihr** Bruder begleitet sie auf seinem neuen Rennrad, das **ihm** viel bedeutet. Die beiden wollen zu dem kleinen See fahren, der **ihnen** so gut gefällt, und dort **ihre** Freunde treffen. Leonie ist älter als **ihr** Bruder und kann schneller fahren. Sie lässt **ihn** nur überholen, wenn er **ihren** Rucksack trägt. „Dafür esse ich nachher **ihren** Schokoriegel“, denkt er sich.

Seite 66

1 Personenwaage, Stachelbeere, Festsaal, Schneeflocke, Kleeblatt, Haarspange, Segelboot, Seeräuber

2 a) + b) Aal zum Frühstück

In Aachen steckte sich ein
fröhliches Paar
die Federn eines Aars ins
lockige *Haar*
(der Aar ist ein Adler in jeder Rätselfrage).
Der Mann brachte 100 Kilo
auf die *Waage*,
aß schon zum Frühstück
Aal mit Püree,
zum Nachtisch noch Erdbeeren in *Gelee*,
trank danach liebend gerne
Kaffee
und schlief dann ruhig auf
dem Kanapee.
Er liebte das Meer, vor
allem die *Nordsee*
bei Langeoog, Spiekeroog
oder Wangeroog
und bei Schleswig-Holstein
den Koog,
wohin er gern per Flugzeug
flog.

Er diskutierte mit dem
Maat von der Saar,
über Marine, Heer und Soldaten
der Armeen vieler anderer
Staaten.
Die Frau dagegen stand auf
Diät
und liebte den Tee indischer Qualität.
In Bad Wiessee am Tegernsee
ging sie zur Kur und trank
dort nur *Tee*.
Die Packung aus Moor
nahm sie mit Humor. Sie
fror
beim Blick aus dem Fenster
des Saals
auf moosbewachsene Tannen,
auf Kühe im Klee und Berge
im *Schnee*.
Da kam ihr die Idee, mit
dem *Boot*
zu besuchen den Zoo bei
Morgenrot.

aa	ee	oo
Aachen	Püree, Erdbeeren	Langeoog
Paar	Gelee, Kaffee	Spiekeroog
Aar, Haar	Kanapee, Meer	Wangeroog
Waage	Nordsee, Heer	Koog
Aal	Armeen, Tee	Moor
Maat	Bad Wiessee, Tegernsee	moosbewachsene
Saar, Staaten	Klee, Schnee	Boot
Saal	Idee	Zoo

Seite 67

3 a) Erdbeere, Haar, Paar, Boot, Fee, Speer, Waage, See, Klee

b) Beispiele:
Haarpracht, Haarspange,
Ehepaar, Hochzeitspaar,
Bootssteg, Segelboot,
Personenwaage,
Seeungeheuer, Seeufer, Seeschwalbe,
Kleeblatt, Glücksklee,
Speerwurf

4

K	W	X	P	V	Q	P	M	T	Y
A	R	M	E	E	L	Ü	T	E	R
B	M	X	T	O	U	R	N	E	E
V	G	I	D	E	E	R	N	L	N
Z	E	K	A	F	F	E	E	Z	T
K	L	I	S	C	H	E	E	B	R
N	E	O	R	C	H	I	D	E	E
T	E	W	A	L	L	E	E	S	E

Armee, Tournee, Idee, Kaffee, Klischee, Orchidee, Allee, Gelee, Püree, Tee, Entree

Seite 68 – TESTE DICH!

1 mit einfachem Buchstaben [1]

2 ... ein m, n, r oder l [1]
Das h erscheint oft in Verbindung mit l, m, n und r.

3 Mehr als drei Viertel aller Wörter mit lang gesprochenem i werden im Deutschen mit ie geschrieben. [1]

4 der Sohn, der Vogel, die Bahn, das Los, die Fahne, das Heft, der Mond, die Schnur, die Gefahr, die Schule, der Rat, die Kohle, das Kamel, die Sahne [14]

5 Das Krokodil [10]
Am Dienstag, früh gegen halb zehn, ich wollte gerade spazieren gehn, da hielt vor diesem großen Haus ein Möbelwagen. Wer stieg aus? Ein Krokodil mit einem Klavier; das zog in die Wohnung neben mir. Verdutzt hab' ich es angegafft: Na dann, auf gute Nachbarschaft!

6 *Beispiele:* [18]
Haar, Paar, Saal, Saat, Wahl, Hahn
Beere, Teer, Meer, Leere, Lehrer, Mehl
Boot, Moor, Zoo, Moos, Sohn, Bohne

45 erreichbare Punkte

Seite 69

1 a) Im Land der Klöße
In diesem Land gibt es außergewöhnlich große Klöße,
die die Großmutter regelmäßig legt auf dreißig Flöße.
Plötzlich kommt ein gefräßiger weißer Hund,
der will hineinbeißen mit seinem maßlosen Schlund.
Mutig läuft die Großmutter barfuß auf die Straß'
und gießt ihm süßen Rahm auf den Fuß ohne Maß.
Fleißig leckt der Hund die fließende Sahne,
er mag sie nicht – lieber hat er Banane.
Schließlich zieht er ohne freundlichen Gruß hinaus.
Die kluge Großmutter lacht mit viel Spaß ihn aus.

b)

langer Vokal + ß	Diphthong + ß
Klöße, große, Großmutter, regelmäßig, Flöße, gefräßiger, maßlosen, barfuß, Straß', gießt, süßen, Fuß, Maß, fließende, Schließlich, Gruß, Spaß	außergewöhnlich, dreißig, weißer, hineinbeißen, Fleißig

Seite 70

2
Häuser → Haus
Hälse → Hals
Ausweise → Ausweis
Gase → Gas
Greisin → Greis
Kreise → Kreis
Gräser → Gras
diese → dies
Verliese → Verlies

Felsen → Felsbrocken
blasen → Blaskapelle
böse → Bosheit
Rose → Röschen
weise → Weisheit
Hose → Höschen
Gläser → Glaskugel
Blase → Bläschen
Mäuse → Mäuschen

3
sausen → sauste
brausen → brauste
grüßen → grüßt
versüßen → versüßt
rasen → rast
grasen → grast
fließen → fließt
schießen → schießt
preisen → preist
heißen → heißt
lesen → liest
dösen → döst
reisen → reist
speisen → speist
schließen → schließt
genießen → genießt

Seite 71

4

Wasser	Ross	Tasse	Ass	
	Boss	Kasse	Fass	
		Masse	Bass	Kuss
			nass	Fluss
			messen	Schuss
		fassen	essen	Schluss
	Sprosse	lassen	fressen	Nuss
müssen	Flosse	passen	pressen	

5 a) Der zweite Untergang der Titanic
Unfassbar, wie es zu diesem grässlichen Unfall, dem Untergang des riesigen Passagierschiffes „Titanic", mit mehr als 1500 Toten kommen konnte. Einige Wissenschaftler vermuten den Grund für den Untergang in den riesigen Kohlelagern im Bauch der Titanic. Kohlevorräte sind unterwegs in Brand geraten – das wissen sie. So etwas passierte damals oft. Um den Brand zu bekämpfen, wurde die glühende Kohle in die Dampfkessel geschaufelt, was aber wiederum zur Erhöhung der Geschwindigkeit des Schiffes führte. Genau das passierte wahrscheinlich nach dem Abendessen am 14.4.1912. Ungebremst rammte die Titanic einen Eisberg und ging unter. Mit einer Unterwasserkamera können die Wissenschaftler die Reste des Schiffes erfassen. Sie kommen zu dem Schluss, dass eisenfressende Bakterien dem Wrack jeden Tag 45 Kilo Eisen entziehen. Dieser Prozess wird von der „Titanic" eines Tages kein bisschen mehr übriglassen.

b) unfassbar, grässlich, Passagierschiff, Wissenschaftler, wissen, passierte, Dampfkessel, passierte, Abendessen, Unterwasserkamera, Wissenschaftler, erfassen, Schluss, dass, eisenfressende, Prozess, bisschen, übriglassen

Seite 72

6 Hallo, Taxi
Was war das? Als der Mann aus dem Haus kam, schaute er sich um, bis er fand, was er suchte. Damals, als er das erste Mal hier herauskam, war es schwierig gewesen, ein Taxi zu finden. Doch nun gab es einen brandneuen Taxistand, direkt vor dem Haus. Toll!

7 passiert – draußen – Terrasse – Spross – sprießen – muss – Guss – gießen – Gießkanne – gleißende – Biss – beißen – Wespe – Straße – muss – Fluss – fließen – Wasser – Zeitmaß – messen – Eisladen – Genuss – genießen – isst – es – Wissen – weiß – außer – Schluss – schließen

Seite 73 – TESTE DICH!

1 A beißen wird mit ß geschrieben, weil der s-Laut auf einen Diphthong folgt. [3]

B Der stimmlose s-Laut in „essen“ und „Messer“ wird als ss geschrieben, weil der s-Laut hier auf einen kurzen, betonten Vokal folgt.

C Das Wort „löste“ wird mit s geschrieben, weil der Infinitiv des Verbs (= lösen) einen stimmhaften s-Laut hat. Die hier angewendete Probe heißt Verlängerungsprobe.

2 sa**ß**, hei**ß**t, Wa**ss**er, lie**ß**en, Gro**ß**es, gro**ß**artige, wei**ß**, gro**ß**artige, wei**ß**, mi**ss**trauisch, pa**ss**t [11]

14 erreichbare Punkte

Seite 74

1 Ohne Schule keine Chance

a) Dichtgedrängt, doch aufmerksam verfolgen diese Jungen und Mädchen den Unterricht. Ihre Schule liegt in der Provinz Amhara in Äthiopien. Die Schule ist so klein, dass die Kinder den Unterricht in zwei Schichten besuchen müssen.

b) Auch dann müssen viele auf dem Boden sitzen. Dennoch sind sie glücklich, zur Schule gehen zu dürfen. Nur 40 Prozent der äthiopischen Kinder haben so viel Glück. Es gibt zwar eine allgemeine Schulpflicht, aber zu wenige Schulen. Äthiopien ist ein sehr armes Land und nur etwa ein Drittel der Erwachsenen können lesen und schreiben. Die Kinder hoffen, dass Bildung ihnen hilft, dem Elend zu entkommen.

Seite 75

2 a) *Auswahl an Nomen mit Artikel im Singular*
der Schrank, das Bett, die Gitarre, das Kopfkissen, die Decke, die Jeans, der Fernseher, der Stift, der Pullover, die Mutter, das Mädchen, der Hausschuh, das Buch, der Teddy-Bär, der Ball, das Bild, die Nachttischlampe, der Schal, die Tasse, der Schulranzen, der Teppich, der Schreibtisch

b) *Auswahl an Nomen mit Artikel im Plural*
die Schränke, die Betten, die Gitarren, die Kopfkissen, die Decken, die Jeans, die Fernseher, die Stifte, die Pullover, die Mütter, die Mädchen, die Hausschuhe, die Bücher, die Teddy-Bären, die Bälle, die Bilder, die Nachttischlampen, die Schals, die Tassen, die Schulranzen, die Teppiche, die Schreibtische

Sicher findest du noch viel mehr Nomen.

Seite 76

3

-tum	-keit	-nis
das Königtum	die Einsamkeit	das Wagnis
das Brauchtum	die Eitelkeit	die Kenntnis
das Eigentum	die Tapferkeit	die Finsternis
	die Heiterkeit	das Erlebnis

-ung	-heit	-schaft
die Werbung	die Gesundheit	die Gefangenschaft
die Umgebung	die Menschheit	die Freundschaft
die Zeichnung	die Eigenheit	die Grafschaft
die Verwendung	die Verliebtheit	die Verwandtschaft
die Sendung	die Krankheit	die Feindschaft
die Tarnung		die Liebschaft
die Kennung		die Errungenschaft
		die Eigenschaft

Seite 77

4 a) ADRESSE | PAUSENBROT | SCHULBUCH | GLOBUS | FAHRKARTE | FREUDE | WORT | VERSCHLUSS | ANFANG | FÜLLER | ZEUGNIS | NOTE | KLASSENARBEIT | SPORT | UNTERRICHT

b) das leckere Pausenbrot, das lehrreiche Schulbuch, der runde Globus, die teure Fahrkarte, die helle Freude, das unbekannte Wort, der feste Verschluss, der gute Anfang, der silberne Füller, das hervorragende Zeugnis, die gute Note, die schwierige Klassenarbeit, der abwechslungsreiche Sport, der interessante Unterricht

Der Löwe saß auf seinem Thron von Knochen
und sann auf Sklaverei und Tod.
Ein Igel kam ihm in den Weg gekrochen.
„Ha! Wurm!“, so brüllte der Despot.
Und hielt ihn zwischen seinen Klauen.
„Mit einem Schluck verschling ich dich!“
Der Igel sprach: „Verschlingen kannst du mich.
Allein, du kannst mich nicht verdauen.“

Seite 78 – TESTE DICH!

1 A Satzanfänge werden *groß*geschrieben. [3]

B Wörter, vor die man einen *Artikel* setzen kann, sind *Nomen*. Sie werden *groß*geschrieben. Manchmal steht zwischen Artikel und Nomen ein *Adjektiv*. Man erkennt Nomen, wenn man die *Artikelprobe* anwendet.

C Eine Reihe von Nomen erkennt man an den typischen Endungen: *-heit*, *-keit*, *-nis*, *-ung*, *-tum*, *-schaft*.

2 Ein Fußballspiel wie eine Sonnenfinsternis
Ratlosigkeit in der Nationalmannschaft! Miserable Leistung! Das Spiel endete mit einer Enttäuschung. Das Ziel, die Rückeroberung der Tabellenführung, wurde verfehlt. Die deutsche Nationalmannschaft hatte arge Schwierigkeiten. Es fehlte die Laufbereitschaft. Kein Spieler wollte ein Wagnis eingehen. Die Sportreporter zeigten wenig Verständnis und stellten ein schlechtes Zeugnis aus. Den Fußballspielern sei wohl ihr Heldentum in den Kopf gestiegen. Eitelkeiten gehörten nicht auf den Platz. Unter der Mannschaft selbst hatte sich Sprachlosigkeit breitgemacht. Nur einer meinte mit gespielter Heiterkeit: „Das Spiel kam einer Sonnenfinsternis gleich. Aber nach aller Erfahrung geht die Sonne auch wieder auf!“

a) [14] b) [30] c) [20]

d) das Fußballspiel, die Sonnenfinsternis, die Ratlosigkeit, die Nationalmannschaft, die Leistung, das Spiel, die Enttäuschung, das Ziel, die Rückeroberung, die Tabellenführung, die Nationalmannschaft, die Schwierigkeiten, die Laufbereitschaft, der Spieler, das Wagnis, die Sportreporter, das Verständnis, das Zeugnis, die Fußballspieler, das Heldentum, der Kopf, die Eitelkeiten, der Platz, die Mannschaft, die Sprachlosigkeit, die Heiterkeit, das Spiel, die Sonnenfinsternis, die Erfahrung, die Sonne [30]

97 erreichbare Punkte

Seite 79

1 a) + b) Sie bauten eine Moschee
Ob Pyramide**,** Kathedrale**,** Ritterburg **oder** Wolkenkratzer – David Macaulay sieht immer ganz genau hin. Der britische Autor**,** Techniker **und** Zeichner will nicht nur wissen, wie eine Kuppel konstruiert ist**,** eine Säule gemeißelt **oder** ein Innenhof gestaltet wird. Ihn interessiert genauso, aus welchem Grund ein Gebäude errichtet wurde**,** wer es gebaut hat **und** wer dort gelebt hat. In seinem neuesten Buch entführt Macaulay seine Leser ins 16. Jahrhundert nach Konstantinopel, das heute Istanbul heißt. Ein reicher**,** frommer Muslim stiftet eine Moschee. Als die aufwändigen**,** zeitraubenden Arbeiten beendet sind, ist um den Bau herum ein ganzes Stadtviertel neu entstanden. Der Autor kümmert sich um die technischen Probleme**,** handwerkliche Angelegenheiten **und** die künstlerische Gestaltung. Mit leichtem**,** präzisem Federstrich hat Macaulay dazu Szenen von den Bauarbeiten**,** Aufrisse **und** Pläne gezeichnet. Obwohl die Geschichte von dieser großen**,** interessanten Moschee erfunden ist, stammen die Einzelheiten von wirklichen Bauwerken, die der Autor besucht**,** bewundert **und** eingehend studiert hat. Seine Begeisterung steckt an – Kinder**,** Jugendliche **und** Erwachsene gleichermaßen.

Seite 80

3 a) Das Tier setzt sich aus einem Hahn, einer Kuh, einem Schwein, einer Giraffe, einer Schnecke, einer Gans, einer Schildkröte und einer Schlange zusammen.

b) *Beispiele:*
der braune, freundliche Hund – das kleine, possierliche Eichhörnchen – der bunte, prachtvolle Papagei – der flinke, wendige Affe – das große, braune Pferd – das alte, wollige Schaf – die langsame, schleimige Schnecke – der federleichte, bunte Schmetterling – der weiche, aufmerksame Hase – der bunte, vorwitzige Vogel – der rote, gepunktete Käfer

Seite 81

1 Laura geht in die Küche, wo ihre Mutter sitzt und die Zeitung liest. Sie fragt nachdenklich: „In der Schule haben wir heute besprochen, dass die Wälder hier in Deutschland bald alle zerstört sein werden. Weißt du etwas darüber?"
Die Mutter schaut auf und antwortet: „Wenn wir uns weiterhin nicht darum kümmern, dann könnte das geschehen."
Laura sagt bedrückt: „Außerdem hat die Lehrerin erzählt, dass die Luft immer schlechter werde. Kann das denn sein?"
Der Vater kommt in die Küche. Er hat Lauras Frage gehört und antwortet ihr: „Ja, das stimmt schon. Es wurde lange Zeit nicht genug unternommen."
Laura ist erschrocken und bohrt weiter: „Was ist mit den Meeren?"
Die Mutter zeigt auf einen Zeitungsartikel und erwidert: „Schau hier! Da ist zufällig ein Bericht über die Fischbestände. Die Menschen fischen zu viele junge Fische ab, diese werden nicht mehr groß genug, um selbst Nachkommen zu haben."
Laura wird langsam ärgerlich und ruft erregt: „Aber da muss man doch etwas tun! Kann ich denn etwas machen?"
Die Eltern machen ihr Mut: „Du bist doch nicht allein! Frag deine Freundinnen und Freunde, ob ihr gemeinsam Ideen entwickeln könnt."

2 Später am Nachmittag hat sich Laura mit Sarah und Deniz verabredet. Es sprudelt nur so aus ihr heraus, als sie die beiden sieht. „Ich habe heute mit meinen Eltern über die Umweltzerstörung geredet, die wir heute Morgen in Politik besprochen haben. Das bedrückt mich sehr. Habt ihr eine Idee, was wir Kinder dagegen tun können?"
„Ich habe mal gehört", sagt Deniz, „dass zum Beispiel Haarshampoo nicht gut für das Wasser ist. Wir könnten umweltfreundliches Shampoo benutzen."
„Meine Mutter fährt so oft wie möglich mit dem Fahrrad", wirft Sarah ein, „denn Autofahren belastet wegen der Abgase die Luft und schädigt die Bäume."
„Ein bisschen machen wir schon", fällt Laura ein, „letztens habe ich die Fenster mit Essig statt mit Fensterreiniger geputzt. Das ist gut für den Gewässerschutz."
„Und wir haben doch neulich in der Schule vereinbart, dass wir Butterbrotdosen statt Papier verwenden, um nicht mehr Müll als nötig zu machen", erinnert Sarah die beiden anderen.

Seite 82

3 *Beispiel:*
„Vielleicht wäre es klug, wenn wir nicht ganz so oft Fischstäbchen essen würden", wirft Laura ein. „Einmal Fisch in der Woche genügt."
Deniz überlegt: „Ich werde meine Mutter bitten, nur noch Hefte aus Recyclingpapier zu kaufen. Dann muss man weniger Bäume abholzen."
„Wir kaufen nur noch Getränke in Pfandflaschen", erklärt Laura.
„Meine Jeans kann ruhig mal ein bisschen schmutzig sein", merkt Deniz an. „Die Waschmaschine muss nicht ständig laufen."
Sarah ruft erfreut: „Das ist toll! Wir haben so viele gute Ideen, wie wir selbst die Umwelt schützen können."